학생 | 학부모 | 선생님 | 원장
모두가 **행복한 학원**을 꿈꾼다

잘되는
학원 다
이유가
있다

김 위 아 지음

대경북스

잘되는 학원 다 이유가 있다

1판 1쇄 발행 2021년 10월 5일
1판 2쇄 발행 2022년 6월 24일

지은이   김위아

발행인 김영대
표지디자인 김영대
편집디자인 김영대
펴낸 곳 대경북스
등록번호 제 1-1003호
주소 서울시 강동구 천중로42길 45(길동 379-15) 2F
전화 (02)485-1988, 485-2586~87
팩스 (02)485-1488
홈페이지 http://www.dkbooks.co.kr
e-mail dkbooks@chol.com

ISBN 978-89-5676-870-0

결핍 그리고 절실함 : 학원 성장의 원동력

돈이 없었다. 하고 싶은 것은 많았다. 도와줄 가족도 없었고 누구에게도 기댈 수 없었다. 밥을 굶어야 했던 중학생 소녀에게 학원 창업은 장래 희망과도 같았다. 대학에 입학하자마자 4년 내내 일했지만, 자금이 부족했다. 집 월세 보증금 10원도 남기지 않고 탈탈 털어 창업했다.

출근길, 대형 학원에서 우르르 쏟아져 나오는 학생들을 보았다. 발길을 돌려 열두 평짜리 공간으로 들어갔다. 학생 하나, 둘 인사하며 들어왔다. 가난한 부모가 자식을 보는 기분이 이런 걸까. 최고로 잘 해주고 싶었다. 절절한 마음과 달리 할 수 있는 게 많지 않았다. 연필 쥔 학생을 보며 다짐했다.

'선생님이 제일 좋은 곳에서 가르쳐 줄 순 없어. 그렇지만, 세상에서 최고로 깨끗한 교실에서 공부시켜 줄게.'

청소밖에 없었다. 당장 할 수 있는 거라고는. 30년 넘은 교실 바닥을 얼굴이 비치도록 쓸고 닦았다. 교실 안에서는 빨간펜, 밖에서는 대걸레를 쥔 선생님이었다. 어찌나 열심히 닦았는지 방문하는 사람마다 물었다.

"신발 벗고 들어가야 돼요?"

전단지를 접고 붙이고 청소하느라, 손은 20대 아가씨의 것이 아니었다. 손가락마다 반창고가 칭칭 감겨 있었다. 학부모가 손을 힐끗힐끗 쳐다보면 얼굴은 잘 익은 토마토가 되었다. 그럴 때마다 아토피가 있다고 둘러댔다.

학생에게 시선 고정하기, 영어 실력 올려놓기, 먼지 하나 없는 교실 만들기. 이 세 가지는 세상 누구보다 자신 있었다. 할 수 없는 일에 내달리지 않고 할 수 있는 일에 몰입했다. 지속했다. 성장이 따라왔다.

5년, 10년 세월이 흘러갔다. 손에는 반창고 대신 화려한 네일 아트를, 대걸레 대신 값비싼 차키를 쥐게 되었다. 이상한 일이 생겼다. 반갑지 않은 손님이 찾아왔다. 손에 잡히지 않았고, 눈에 보이지 않았다. 정체와 무기력이었다.

'미치도록 원했던 거잖아?'

'뭐가 문제야?'

그때 알았다. 나를 움직이게 한 것은 결핍과 절실함이라는 걸. 부족하니 채우고 싶었고, 간절하니 찾아 헤맸다. 나라는 사람은 그래야만 신이 났다. 그게 나였다.

학원 경영에도 성적을 매길 수 있을까?

내 21년 치 그래프는 오르락내리락 삐뚤빼뚤하다. 드라마에서 보았던 심전도처럼. 성공도 실패도 정체기도 있었다. 늘 성장하지도 성공하지도 않았다. 들쑥날쑥했다. 그럼에도 21년간 한결같은 것이 있었다.

학생 모두에게 정성을 다하겠다는 마음.

학부모가 준 교육비보다는 더 돌려주겠다는 다짐.

그리고

청소.

학원을 경영할 때 세 가지는 놓치지 않았다. 학원 경영과 교육의 철학이 되었다. 그것을 담아 학원 일상에서 부딪히는 갖가지 문제를 해결해나갔다. 초보 원장일 때 경력이 많은 원장을 보면 특별한 노하우가 있을 줄 알았다. 21년을 지나왔다. 비법은 없었다. 다 알고 있을 만한 것을 행동으로 옮기느냐 아니냐의 차이였다. 내가 지나왔던 여행 흔적이 예비 창업자와 초보 경영인에게 도움이 되기를 바란다. 이 책은, 이론이 아니다. 실전이다!

벗어나고 싶었던 그때가 때론 그립다. 결핍, 절실함, 실패가 다시 찾아온다면, 기꺼이 반길 준비가 되어 있다. 신나는 모험을 떠날 것이고 성장할테니까. 두 가지 꿈이 있다. 학원인을 위한 대학교 설립과 영어 프랜차이즈 회사 설립. 총장이 되고, 대표이사가 되었을 때, '당신은 어떤 사람이었어요?'라는 질문을 받으면, 이렇게 답할 것이다.

"저는 대걸레랑 친한 선생님이었어요. 학생에게 최고로 깨끗한 교실을 주고 싶었거든요."

결핍과 절실함을 반기는
학원 키우는 CEO, 김위아

차 | 례

제5장 원장의 자기 경영 백과

제6장 학원 커뮤니티 뜨거운 감자 해결법

제1장
모두가 행복한 학원을 꿈꾼다

관계가 생명이다

학원은 인간관계가 생명이다. '정' 때문에 마음 다치기 쉬운 사업이다. 원장은 강사, 학생 그리고 학부모와의 관계를 원활하게 만들기 위해 최선을 다해야 한다. 꼬인 매듭을 푸는 것도, 잘라야 하는 것도, 이어야 하는 것도 원장 몫이다. 밖으로는 건물주, 경쟁 학원, 프랜차이즈 본사, 관공서 직원까지 신경을 써야 한다.

"진상 학부모 만나면 어떡해요?"

"강사가 또 연락도 없이 출근 안 했어요."

"어휴, 말 안 듣는 학생 도저히 못 가르치겠어요."

"건물주가 또 월세 올려 달래요."

"옆 학원에서 우리 학원 트집 잡아요."

"프랜차이즈 그냥 해지할까요? 해주는 건 없이 사용료만 가져가요."

학원 구성원 사이에 문제가 생길 때마다 생각한다. '인간관계가 수학공식이면 좋겠어. 공식대로 하면 답이 딱딱 나오잖아.' 갈등을 해결해 주는 사람이 있다면 무엇이든 해주고 싶었다. 이리저리 찾아봐도, 할 수 있는 사람은 '나'였다. 원장이었다.

출퇴근길 사람 풍경

길을 걷는다. 가로수를 본다. 커피숍에 들러 아메리카노 한 잔을 주문한다. 신호등을 기다린다. 내 걸음이 닿는 곳마다 낯익은 풍경과 사람을 본다. 반갑게 눈인사하는 분, 잠깐 멈춰 이야기 나눠주는 분, 모르는 척하는 분, 마주 보고 오다가 갑자기 방향을 트는 분. 학원은 인근 지역이 거점이다. 출퇴근길에 우리 학원의 과거, 현재 고객을 만나는 일은 일상이다.

학부모를 마주치는 일이 항상 반가운 것은 아니다. 길에서 내가 보이면 오던 길을 되돌아가는 분이 있다. 이유는 크게 세 가지다. 성격상 아는 사람과 마주치는 것이 불편해서, 교육비 문제로 떳떳하지 못해서, 학부모 또는 학생이 학원에서 문제를 일으켜서다. 두 번째, 세 번째 이유로 얼굴을 돌리는 학부모를 보면 한약 한 사발을 마신 듯 씁쓸하다.

출퇴근길에 소망한다.

오늘은 고개 돌리거나 방향을 틀어 엉뚱한 길로 가는 분이 없기를.

10년 인연, 10분 만에 끝나다

10년에 걸쳐 자녀 네 명을 보낸 학부모가 있었다. 항상 웃는 얼굴로 인사를 나눴다. 위로 세 아이는 그만두었고, 초등학교 4학년인 넷째 아들이 등록했다.

막내는 어떤 날은 조용했고, 어떤 날은 통제가 되지 않았다. 본능대로 행동했다. 수업 중에 벌떡 일어나 화장실에 갔다. 배고프면 과자를 꺼내 먹었다. 노래도 불렀다. 복도와 교실에 휴지를 일부러 떨어뜨렸다. 등록 전에는 어떤 말도 듣지 못했다. 문제를 일으킬 때마다 상담했고 주의시키겠다고 했다. 그런 후에는 한동안 얌전해졌고 착한 학생이 되었다. 그렇게 1년이 흘렀다.

코로나19로 마스크 착용을 의무화하면서 문제가 생겼다. 아니나 다를까. K는 마스크를 수시로 턱 밑으로 내리거나 책상 위에 벗어 두었다. 작년 상반기부터 온라인과 오프라인 수업을 병행했다. 어머니에게 마스크 문제로 온라인 수업을 권했지만, 아이에게 더 신경 쓰겠다며 학원 출석을 고집했다. K는 수업시간마다 마스크로 장난치는 걸 멈추지 않았다. 치료제도 없는 전염병이 도는 시기다. 모두의 안전을 불안하게 하는 행동을 하는데 대면 수업을 고집하는 어머니를 이해하기 어려웠다. 단호히 말했다. 같은 행동 다시 하면 대면 수업을 하지 않겠다고. 10년 정, 생각하고 싶지 않았다.

일이 터졌다. 마스크 제대로 쓰라는 선생님에게 아이가 욕이 담긴 문자를 보냈다. 선생님 핸드폰 번호는 일체 공개하지 않았는데 비대면 수업을 하면서 알게 되었나 보다.

'잘못 보낸 거겠지? 친구한테 보내려 했던 게 아닐까? 설마 선생님한테….'

믿기지 않았다. 아니, 알면서 믿고 싶지 않았다.

수화기를 들었다. 어머니 역시 욕 문자를 보냈다는 것에 말을 잇지 못했다. 늦둥이라 엄하게 교육시키지 못했다며 사과했다. 10분 통화했다. 며칠 지나 길에서 마주쳤다. 어머니는 고개를 숙이고 황급히 지나갔다.

나를 피하는 분, 한 분 더 늘었다. 10여 년 웃으며 지내던 관계였는데….

심장이 딱딱했으면 좋겠다.

모두가 소중한 사람

긴 인연의 매듭을 끊었다. 그러고는 선생님이 걱정되었다. 월급 받으면 담당하고 있는 아이들 선물을 사왔다. 여리고 정이 많다. 내가 선생님이라면 회의감이 들어 도저히 수업을 못할 것 같았다. 적나라한 욕을 읽는 순간, 나도 아찔했다. 다친 마음을 어떻게 위로해야 할지 고민했다. 우리 선생님은 명상에 관심이 많다. 명상 앱 프로그램 1년 치와 커피 쿠폰을 선물로 보냈다. 마음 치유 상담을 받을 수 있도록 권했다.

무책임한 강사도 수없이 겪었지만 학원 강사를 천직으로 여기는 사람도 많다. 강사도 학부모와 학생 때문에 상처 받는다. 원장의 진심어린 따뜻한 말 한마디가 강사의 마음을 치유할 수 있다.

"원장님, 이렇게까지 마음 써 주실 줄 몰랐습니다. 우리 반 아이들 더 신경 쓸게요."

사건이 있고 한 달이 지나 어머니에게 아무렇지도 않은 척 안부 문자를 보냈다. 막내아들 때문에 고개 숙인 모습이 안타까웠다. 길에서 만나면 먼저 아는 척하며 반가워하던 분이었다. 나와 인연이 되었던 사람이 행복했으면 좋겠다. 학부모, 학생, 강사 그리고 나, 모두가 행복한 학원을 꿈꾼다. 그래서 먼저 손을 내밀었다.

"어머니, 길에서 만나면 예전처럼 수다 떨어요."

학원 경영은 사람 경영이다. 학부모, 학생, 강사, 누구에게도 치우쳐서는 안 된다. 원장은 시소 한가운데 서서 균형을 잡을 줄 알아야 한다.

학원은 학부모의 조력자

진상 엄마, 극성 엄마, 별난 엄마 이야기는 뉴스나 SNS에서 쉽게 접한다. 노키즈존(No Kids Zone)이 생긴 이유, 2018년 10월에 있었던 어린이집 교사 자살 사건 뒤에는 '갑질하는 엄마'가 있었다. 좋지 않은 일은 더 빨리 퍼진다. 교육비 잘 주는 90퍼센트 학부모보다 연체하는 10퍼센트 때문에 잠 못 이룬다. 몰지각한 사람으로 인해 자녀 교육으로 고군분투하는 학부모의 노력이 가려진다.

우리 학원 지역의 경우, 20년 전에는 전업맘과 워킹맘 비율이 7:3이었다면 현재는 3:7로 워킹맘 비율이 높다. 자아실현이 목적이든 가정 경제를 위해서든 엄마도 일하는 사회가 되었다.

일도 육아도 교육도 여전히 엄마 몫이 크다. 전업맘 역시 일에 쏟는 에너지를 가정에 고스란히 투입해야 하니 바쁜 건 마찬가지다. 이런 환경에서 학원은 학부모의 적극적인 조력자가 되어야 한다.

학원의 역할, 어디까지

"학원 끊어!"

"누가 보내고 싶어 보내?"

선배 부부가 중학생 아들 학원 문제로 옥신각신했다. 뒷좌석에 앉아 가만히 듣고 있었다. 선배 아들은 공부에 도통 관심이 없다. 게임하는 손은 재빠른데 숙제하는 손은 느릿느릿하다. 학원 가봐야 뒤에서 1, 2등을 다투는데 왜 보내냐는 남편 말에 선배는 참았던 말을 쏟아냈다.

"학원에라도 가야 내가 일에 집중할 수 있어."

"거기 가야 피시방 덜 갈 거 아냐."

"나쁜 애들이랑 어울려 다니는 거보다 낫잖아."

"남들 다 보내는데 우리만 안 보내?"

실력 향상이 학원에 다니는 주목적이지만 선배 말처럼 다른 이유도 있다. 초등학생에게 학원은 엄마가 퇴근해서 올 때까지 안전하게 있을 수 있는 곳이다. 학원 네 군데를 연이어 다녔던 초등학교 1학년 남학생이 있었다. 유난히 눈이 크고 한 번 보면 되돌아볼 만큼 귀여운 꼬마였다. 영어, 수학, 태권도, 미술 학원. 미술까지 마치면 엄마 퇴근 시간이었다. 영어 수업 마치면 수첩을 꺼내어 다음에 어디로 가야 할지 확인했다. 수첩에 시간대별로 학원 이름이 적혀 있었다. 가방엔 간식과 엄마가 써 준 메모가 들어 있었다.

'수호야, 영어 마치면 두 시에 수학 가. 배고프면 가방에서 초코바 꺼내 먹어.'

간식을 넣어주고 수첩에 메모를 남길 때, 어머니는 어떤 마음이었을까? 스무 해가 지났는데 수호가 또렷하게 기억난다. 엄마 올 때까지 네 시간 연이어 학원에 다니던 초등학교 1학년 꼬마. 2021년에 달라진 것이 있다면 수첩에서 핸드폰으로 바뀌었다는 것뿐 수호와 같은 학생이 여럿이다.

메모를 보고 물었다.

"수호야, 지금 배 안 고파? 초코바 먹고 수학 학원 갈래?"

첫 교습소엔 교실이 하나밖에 없었다. 다른 학생이 눈치채지 못하도록 파티션 뒤에 자리를 마련했다. 몇 분 뒤, 잘 먹고 있나

슬며시 들여다봤다. 수호는 커다란 눈동자에 쑥스러움을 담아 나를 쳐다봤다. "선생님!" "어, 왜?" "이거요…." 초코바 반 토막을 내밀었다.

"왜 다 안 먹었어? 선생님 배불러. 수호 많이 먹어. 엄마 올 때까지 배고프잖아."

초코바 한 개. 자기 먹을 것도 없겠구만. 날 주려고 반 토막 남겨놨던 여덟 살 꼬마.

'넓은 데로 가서 휴게실부터 만들 거야. 내 학생들, 길거리에서 간식 먹게 하지 않을 거야.' 부모는 자녀를 좋은 환경에서 키우고 싶어 한다. 열심히 일해서 평수를 넓혀간다. 쑥쑥 크는 아이들에게 방 하나씩 줄 계획을 세운다. 학원도 다르지 않다. 학부모의 근심을 덜어주고 학생에게 더 좋은 환경을 주고 싶다는 절실한 바람이 학원 성장의 로켓 엔진이 되었다.

한 뼘만 더 관심을 기울이자

아이는 부모가 키운 대로 자란다. 21년 학원 경영하면서 가장 크게 와 닿은 것이다. 엄마 손길이 필요한 초등학생은 바로 티가 난다. 숙제를 안 하던 학생이 꼬박꼬박 해온다. 단어 암기를 못

하던 학생이 척척 외운다. 머리 안 감던 개구쟁이에게서 샴푸 향기가 솔솔 풍긴다. 헝클어진 머리가 단정하게 빗겨져 있다. 불안정했던 아이가 편안해 보인다. 편의점 컵라면과 삼각김밥 대신 집에서 간식을 먹고 온다. 모두 어머니 손길이 닿아서였다. 바뀐 학생을 보고 뭉클할 때가 많다.

'어머니 존재가 아이에게 이런 거구나!'

'학원에서 해줄 수 있는 것은 무엇일까?'

학원이 엄마 역할을 대신할 수 없고 그래서도 안 되지만 다음과 같은 업무는 할 수 있다. 엄마 숙제가 되지 않도록 학생 눈높이에 맞는 과제 내주기, 학생이 다니는 타 학원 스케줄 확인하고 전화번호 알아두기, 필기구 못 챙기는 학생에게 학원용 필기구 준비해 두기, 우산 빌려주기 등.

"원장님, 지훈이 엄마예요. 지훈이 아직 학원에 있어요?"

"안녕하세요, 어머니. 나간 지 한 시간 넘었어요. 집에 안 갔나요?"

"네, 안 왔어요. 전화도 안 받구요."

"요일 착각해서 다른 학원 간 거 아닐까요? 전에도 그랬어요. 지금 수학 학원에 있을 수도 있어요."

부모도 아이 스케줄을 혼동할 수 있다.

"원장님, 지훈이 수학 학원에 있네요. 어떻게 저보다 더 잘 아세요. 고맙습니다."

우리 학원은 학생 하루 일과를 꿰고 있다. 매달 또는 분기별로 학부모와 학생에게 일과표를 요청한다.

작은 관심이 부모의 걱정을 덜어 줄 수 있다.

사춘기가 벼슬이니?

"쟤 또 왜 저래?"

그분이 오셨다. 제대로! 수업 시작부터 사춘기 학생의 삐딱한 말대답에 타이레놀부터 찾게 된다. 가정에선 엄마 갱년기 대 자식 사춘기가 충돌한다. 학원 선생님도 갱년기가 있다. 네가 이기나 내가 이기나 기싸움, 눈싸움, 온갖 싸움이 팽팽히 벌어진다. 싸움에는 승자도 패자도 없다. 각자 등 돌리고 돌아설 뿐이다.

사춘기 학생과 사이좋게 지내는 최선의 방법은 그 시기 아이들의 특성을 이해하고 고운 눈으로 바라보는 것이었다. 스트레스로 여기면 꼬리에 꼬리를 물고 미워할 수밖에 없는 이유만 쌓였다. 예쁘게 생각하면 예쁘게만 보였다.

우리 학생이 변했어요

"내가 낳은 아들인데 눈빛이 무서워요."

"제 말은 안 들으니 대신 말씀 좀 부탁드려요."

"무슨 말을 하면 싸움으로 번지니 아예 말을 안 해요."

"예전엔 엄마한테 얘기도 잘 했는데, 요즘은 방에 들어가서 안 나와요."

전화나 대면 상담할 때, 학부모 목소리가 떨리거나 눈가가 촉촉해진다. 형제자매 학생은 사춘기 언니, 오빠, 동생이 어떤 행동을 하는지 말한다. 상황이 그려진다. 아빠는 무서워하면서 엄마한테 함부로 대하는 학생도 많다. 학원에선 얌전했는데 집에선 작은 폭군이다. 반대의 경우도 있다.

대체로 초등 고학년이 되면 사춘기가 찾아온다. 남학생은 게임에 빠지고 말과 행동이 거칠어진다. 여학생은 거짓말이 늘고 외모에 관심이 많아지고 친구 없이는 못 살 것처럼 행동한다. 초등학교 사춘기는 귀엽다. 아직은 선생님 무서워할 줄 아는 시기라 주의를 주면 잠깐씩 좋아진다. 중학생이 되면 스케일이 달라진다.

초등학교 3학년 때 들어와 중학교 3학년 때 그만둔 여학생이 있었다. 천사 같던 모습은 온데간데없고 중학교 2학년이 되자 '무서운 언니'가 되었다. 무슨 말을 해도 퉁명스럽게 반응했다. 삐딱하게 앉거나 팔을 괴었다. 숨기려 했겠지만 담배 냄새도 났다. 광대가 되려는지 화장은 분장에 가까웠다. 변한 모습이 낯설었다. 그만 다니라고 하고 싶었다. 말도 하기 싫었다. 그러다 열 살 때 스승의 날에 써 준 손 편지를 읽게 되었다. 편지지 옆에는 사탕 한 개가 붙어 있었다.

'선생님이 제일 좋아요. 여기 오래오래 다니고 싶어요. 선생님 사랑해요.'

마법이 일어났다. 미웠던 마음이 솜사탕 녹듯 사라졌다. 두통약은 구석으로 밀려났다.

기다리니 평화가 찾아왔다

'그럴 리 없어. 얼마나 착한 아인데…. 나만 보면 항상 웃으며 인사하잖아!'

그날도 그랬다. 교실 문을 열며 쩌렁쩌렁한 목소리로 인사하며 들어왔다. 우리 학원 반장이었다. 예의 바르고 학생 누구와도 친하게 지내는 믿음직한 중학교 3학년 남학생. 가장 예뻐했다.

가방 속 지갑이 통째로 없어졌다. 현금이 든 교육비 봉투도 없어졌다. 지금은 거의 사라졌지만 2010년 무렵까지는 봉투에 현금을 넣어 결제하는 것이 낯설지 않았다. CCTV를 달기 전이었다. 확인할 방법이 없었다. 중등부 시간에 없어졌다는 것만 확실했다. 다음 날, 늘 그랬던 것처럼 반장이 인사하며 들어왔다. 다른 점이 있었다면 빵과 음료수를 들고 있었다는 것!

"선생님이 수업 마치고 어머님께 감사 전화드릴게."

"안 그러셔도 돼요. 제 용돈으로 샀어요."

'너… 였어?'

필기하는 아이를 쳐다보며 고개를 저었다.

'아닐 거야. 무슨 생각 하는 거야!'

차라리 몰랐으면 좋았을 걸. 며칠 뒤, 반장의 가방 틈 사이로 낯익은 교육비 봉투를 봤다.

지인 원장님에게 조언을 구했다.

"그 시기 남학생은 충동적으로 그럴 수 있어요. 심각하게 받아들이지 마세요."

그 후에도 학원 안팎으로 분실 사건이 몇 차례 있었다. 10대는 또래 영향을 많이 받는다. 모범생이었던 아이도 무리에서 제외될까 봐 물건을 훔치고 담배를 피운다. 최고의 모범생이 동네 슈퍼마켓을 돌며 물건을 훔쳤다. '대학생이 되면 선생님께 꽃 사드릴게요.'라고 했던 4학년 남학생이 있었다. 중학교 1학년 때 의자를 발로 차고 교실을 나갔다. 틀린 문제 다시 풀라고 한 게 기분 나빠서였다. 같은 학생, 맞다.

초등부, 중등부, 고등부를 항상 같이 운영했다. 5년 이상 다닌 아이들이 많았다. 초등 고학년 때 입학해서 중학교 3학년 또는 고등학교 진학해서도 다녔다. 학생의 초·중·고 모습을 다 본 셈이다. 개인차가 있겠지만 토끼 같은 초등 시절을 지나고, 고슴도치보다 까칠한 중등 시절을 지나면, 공부에 수행평가에 봉사활동에 지친 순한 양이 된 고등학생을 본다.

'왜 저러지? '이해 못 하겠어!'

청소년 관련 책을 읽으면서 학생과의 갈등이 어느 정도 해소되었다. 한국 나이 14~16세 사이에 심리적으로 큰 변화를 겪는다는 걸 알게 되었다. 학생도 힘든 시기다. 일부러 어른을 힘들게 하려는 것이 아니다. 당장 마음에 안 드는 모습이 있더라도 기다려주면 언제 그랬냐는 듯 다시 사랑스러운 모습으로 돌아온다.

믿는 강사에 발등 찍혀도

'강사 채용하면 힘든 점이 많을 거야. 그래도 내가 잘해주면 돼.'

'학원에서 얼마나 대우를 못해줬으면 강사가 잠수를 타겠어?'

교습소에서 학원으로 확장 준비를 할 때, 가장 큰 고민은 강사 문제였다. 들려오는 말이 흉흉했다. 그래도 자신만만했다. 각오가 깨지는 데 몇 달 걸리지 않았다. 파트 강사 채용 후, 학생이 늘어 첫 전임강사를 더 뽑았다. 2주 근무하는 동안 마음대로 조퇴, 지각, 결근했다. 오늘부터 출근 못한다는 문자가 왔다. 합의 하에, 결근한 날을 제외하고 급여를 지불했는데, 노동청에 고발했다. 큰 사건에서부터 일상까지 부딪히는 일이 많았다.

　세 번째 확장 이전할 때였다. 전임 강사 네 명, 파트 강사 두 명이 있었다. 한 가족 다섯 식구가 이사를 해도 정리할 일이 많은데 오죽 일이 넘쳐났을까. 이전 후에도 한 달 이상 정리하고 고치고 버릴 일이 산더미 같았다. 전임 강사 네 명의 태도가 각각 달랐다. 이전에 관해서 선생님들에게 어떤 부탁도 하지 않았다. 그들의 업무가 아니니까. 각자 소지품 챙기고 수업 교재 섞이지 않도록 따로 박스에 담아두라고 했을 뿐이다.

　이사 정리로 한 달 내내 오전 10시경 출근했다. 어느 날, 출근했는데 학원 문이 열려 있었다. 퇴근할 때 문을 안 잠그고 갔나 싶어 헐레벌떡 안으로 들어갔다. A강사가 바닥에 널브러져 있던 원서를 책꽂이에 정리하고 있었다. 서로 놀란 눈으로 쳐다봤다.

　"원장님 왜 이렇게 일찍 출근하셨어요? 퇴근도 늦게 하셨잖아요."

　"정리하느라 요즘 계속 이 시간에 나왔어요. 선생님이야말로 이 시간에 어떻게."

　"일이 많으신 거 같아 뭐 도와드릴 게 없을까 해서 나왔어요. 일찍 나와 몰래 해놓으려고 했는데 이렇게 일찍 오시는 줄 몰랐어요."

　쑥스러운 듯 웃던 선생님 모습이 선명하다.

선생님들 퇴근 후 혼자 정리하고 있는데, B강사한테서 문자 한 통이 왔다.

'원장님, 뭐 도와드릴 건 없을까요?'

'선생님, 말만으로도 고마워요. 도움 필요하면 말씀드릴게요. 제가 요즘 학생들한테 신경을 제대로 못쓰고 있으니까 더 챙겨 주세요.'

다음 날 B강사는 저녁 식사를 서둘러 마치더니 내가 좋아하는 캔커피와 김이 모락모락 나는 야채호빵을 사가지고 왔다. 밥도 못 먹고 일하고 있으니 사온 것이다. 한겨울 편의점에 들르면 그때 일이 생각난다.

한편, C와 D강사는 자기와는 아무 상관없는 일인 듯 행동했다. 무거운 짐을 들고 왔다 갔다 하고 정리할 것이 쌓여 있는 게 안 보이는 걸까? 너무 궁금해서 물어보고 싶을 지경이었다.

"퇴근하겠습니다. 내일 뵙겠습니다."

한 달여가 지나도록 이 말뿐이었다. 저들은 로봇인가? 같은 공간에 있으면서 어쩜 저럴 수 있지? 도움을 바라지 않았다. 근로 계약서에 '학원 이사하면 좀 거들어 주세요.'라는 문구는 없었으니까. 월급에 포함된 일도 아니니 말이다.

이전으로 신경이 곤두서 있었을까? 정나미가 떨어졌다. 말이라도 '도와드릴 건 없을까요?'라고 해야 되는 게 아닌가? 급여가 학원가 평균보다 높았고, 상여금에, 항상 준비되어 있는 간식에, 식사도 제공했다. 휴가도 주말 포함 9일이었고 휴가비도 지급했다. 개인 사정이 있어 결근하면 내가 대신 수업했다. 아프면 택시비 주고 일찍 퇴근하도록 했다. 이런 것은 약속된 계약 사항은 아니었다. 단지 내 배려였다. 그동안 제공했던 것 싹 거둬들이고 싶었다. 유치하지만 간식이 그득 쌓여 있는 탕비실 문을 잠그고 싶었다.

C와 D강사에게 참다못해 문자를 보냈다.

"선생님, 선생님 아프실 때 제가 대신 수업해 드렸습니다. 월급 그대로 드렸구요. 보충 수업 더 하지 않으셨어요. 빈말이라도 도와 드릴까요? 물어보는 게 맞지 않을까요?"

두 사람에게 짧은 답장이 곧바로 왔다.

"죄송합니다. 내일 출근하면 도와드릴게요."

"선생님, 죄송할 거까진 없습니다. 선생님이 해야 할 일은 아니에요. 도움 바라고 문자 보낸 거 아닙니다. 다만 저도 앞으로 계약서에 명시된 것만 해드리고 싶어요. 그 이상은 필요 없다고 느꼈습니다."

다음 날 출근 시간에 C강사는 평소보다 한 시간 일찍 왔다. D강사는 아슬아슬하게 왔다. C강사와는 얘길 나누었다. 근무한 지 1년 2개월 차였다. 5년 경력이 있었다. 예전 학원에서 자기 학원인 것처럼 헌신적으로 일했다. 청소는 기본이요, 주어진 업무 외에 잡다한 일도 도맡아 했는데 하루아침에 해고를 당했다. 우리 학원에선 주 업무 외엔 하지 말아야지 결심했고, 상처받지 않는 길이라 생각했다. 내가 예전 원장들과 다르다는 것을 알았지만 쉽사리 마음을 열 수 없었다며 죄송한 마음을 내비쳤다.

어제는 동지, 오늘은 적이 되는 강사

학원가에 불문율로 여겨지는 것이 있다. 근무했던 학원 근처에 창업하지 말라는 것이다. 이것이 깨질 때가 종종 있다. 처음에는 그럴 의도가 없었으나 욕심이 생긴 경우, 처음부터 특정 지역을 염두에 두고 그 근처 학원에 지원하는 경우가 있다. 동네 분위기도 보고 학원 자료도 확보하고 운영 노하우도 배우고 학생도 데려올 목적이었다. 두 종류의 강사 모두 겪었다. 근무 한 지 한 달도 되지 않아 과외해 주겠다며 접근했다. 우리 학원 자료를 자기가 만든 것처럼 돈을 받고 인터넷 사이트에서 팔았다.

'사람의 탈을 쓰고 어떻게 그럴 수 있어?'

세상에는 상식을 뛰어넘는 사람이 있었다. 나도, 친분 있는 원장님들도 겪었다. 밑바닥부터 고생하기 싫어 남이 힘들게 준비해 놓은 밥상을 뺏는 강사라니. 학원장을 위한 법은 미약했다. 강사가 책임을 저버려도 원장은 의무를 다해야 했다. 그걸 악용하는 강사도 있었다. 강사가 돈 벌어주는 시스템을 구축하는 것이 많은 원장들의 소망이지만 그만큼 리스크는 존재한다. 그런 강사를 채용한 것도 원장이며, 리스크를 감당해야 하는 것도 원장이다.

이십 년을 겪고 보니, 강사의 책임감은 나이와 크게 상관없었다. 그 사람 됨됨이가 문제였다. 20대는 시기상 진로를 확정하기가 불안정한 때라 짧게 근무한 비율이 높았지만 예상할 법한 그런 문제들이었다. 문제는 어느 정도 경력이 있고 학원 창업을 희망하는 강사들이었다. 한 명의 진짜 내 사람을 얻기 위해 열 명을 참아내야 했다. 나와 결이 같은 사람과 함께 일하는 기쁨이 그걸 인내하게 했다.

건물주의 유치찬란한 갑질

건물주의 갑질을 겪으면서 부모가 자식에게 악착같이 공부시키려는 이유를 알았다.

'내 학생들이 사회에 나갔을 때 부당한 일을 당하지 말았으면.'

'어디에서든 대우받는 사람으로 자랐으면.'

학원 경영하면서 책을 놓지 않았다. 일주일에 두 번 서점에 가고 독서를 숨 쉬는 것처럼 했다. 어려운 일이 있어도 의지할 곳이 없었다. 책에 의지했다. 책에서 얻은 지식을 무기삼아 부당한 일을 당했을 때 나를 보호했다.

자기 아들과 결혼 안 해 준다는 이유로 사사건건 트집을 잡은 건물주가 있었다. 계약할 때부터 당차 보이는 나를 마음에 들어하는 눈치였다. 일 년이 지났을 무렵, 부동산 소장님에게 전화가왔다. 건물주 부부가 식사나 한 번 같이 하자는 내용이었다. 거절했는데 시간차를 두고 서너 차례 계속 권유했다. 불편해서 이유를 물었다.

"제가 왜 건물주 사장님과 식사를 해야 되나요?"

"사장님한테 아들이 있는데 원장님이 마음에 드셨나 봐요. 며느리 삼고 싶으신 거 같아요."

계약 당시 건물주 아들이 근처에서 인테리어 숍을 한다는 얘기를 들었다. 수리나 인테리어가 필요하면 부탁하라고 했다. 이전하고 보니 조명, 문 교체, 칸막이 철거 및 시공 등 부분 인테리어 할 일이 많았다. 건물주 아들에게 의뢰했다. 모든 비용 깔끔하게 지급했다. 공짜 싫어한다. 신세 지는 것도 불편하다. 공사 후에 굳이 올 이유가 없는데도 혹시 불편한 거 없는지 궁금하다며여기저기 둘러보았다. '왜 저러지?' 의아했는데 부동산 소장님전화를 받고 이해했다. 한창 일하는 재미에 빠져 있었다. 결혼에관심두지 않았다. 내 의사를 분명히 전달했다.

그 후로 건물주와 아들의 유치찬란한 갑질이 시작되었다. 학생이 많아 건물이 지저분해진다고 관리비 외에도 청소비, 수리비를 더 청구했다. 건물에 생기는 모든 고장은 우리 학생 탓으로 돌렸다. 건물 안에 다른 학원들과 상가들도 있었다. 화장실 변기가 고장 나도, 복도에 사탕 껍질이 떨어져 있어도, 공동 출입문이 삐걱거려도 내 탓, 우리 학원 탓이었다. 내 주차 자리가 정해져 있었는데도 출근하면 버젓이 본인들 차를 대놓았다. 배달 음식 빈 그릇을 내놓으면 보기 싫다고 치우라고 했다. 냄새 날까 깨끗이 씻어 비닐에 곱게 싸서 내놓았다. 그릇 수거해 갈 때까지 퇴근도 하지 말란 말인가! 에어컨을 추가 설치하려고 벽구멍을 뚫어도 되냐고 허락을 구했다가 단칼에 거절당했다.

지렁이도 밟으면 꿈틀한다

2년 계약 기간이 종료되고 묵시적 연장이 되었다. 갑자기 전화 와서 다음 달부터 50만 원 인상해 주지 않을거면 나가라고 했다. 책걸상을 추가로 들여온 걸 보고 인상 얘기를 꺼낸 듯했다. 마음은 진즉에 나가고 싶었다. 마땅한 자리가 없어서 참고 있었을 뿐.

"네, 원하시는 대로 한 달 뒤에 나가겠습니다. 보증금 제날짜에 돌려주세요. 월세가 비싸서 이전하고 싶었어요. 사장님이 먼저 말씀하시니 잘되었네요. 사장님도 다음 세입자에게 50만 원더 받으시면 좋겠습니다."

건물주는 당황스러워했다. 진짜 나간다고 할 줄 몰랐을 거다. 월세나 올려 받자고 한 말이었다. 건물주의 심보를 알고 있었다. 지금까지 요구를 들어주었으니 '이번에도 그러겠지.' 확신했을 거다. 며칠 뒤 연락왔다.

"이 자리에 예전부터 들어오고 싶은 사람이 있었어요. 아는 사람인데 하도 부탁해서 그런 거예요. 사정이 생겨 못 들어온대요. 그냥 있어도 돼요."

지렁이도 밟으면 꿈틀한다. 부당하게 걷어간 관리비, 수리비, 청소비와 주차 문제 이야기도 하면서 나가고 싶다는 뜻을 강력히 전했다. 월세 30만 원 낮춰 주겠다고 했다. 월세 190만 원, 관리비 50만 원을 제날짜에 꼬박꼬박 내는 세입자를 놓치고 싶지 않았겠지. 내가 원하는 조건으로 재계약을 했다. 그 기간 동안은 아무런 간섭이 없었다. '같은 사람이 맞아? 이렇게 바뀔 사람이 었어? 부당한 요구, 처음부터 거절했더라면!

건물주를 보며 깨달았다. 강한 자에게 마냥 약한 자가 되어서는 안 된다는 것! 그러면 계속 약자로 살아가야 한다. 강자에게 맞서기 위해 내가 해야 할 의무는 먼저 하자! 그리고 내 권리를 찾고 건물주도 내 편으로 만들자.

경쟁 학원 원장의 두 얼굴

성장하는 학원들의 공통점이 있다. 경쟁 학원이 잘되는 것을 시기하지 않고 내 학원의 부족함을 찾아 연구한다는 것이다. 2000년부터 2009년까지 영어 단일 과목으로는 학생 수가 적지 않았다. 2009년 신종플루와 2010년부터 시작된 병원 생활로 학생 수가 줄었지만 그전까지는 250명 전후를 유지했다. 학원이 잘 될수록 주변으로부터의 견제가 끊이질 않았다.

현수막을 걸면 글씨를 알아볼 수 없을 정도로 찢겨져 있었고 먹물이 시커멓게 뿌려져 있었다. 누군가 던진 돌멩이에 학원 창문과 출입문이 깨져 있었다. 밤늦게까지 여자 원장 혼자 있다는 것을 아는 듯 정체불명의 남자가 하루 걸러 한 번 전화를 걸어 음담패설을 늘어놓았다. 밤에 낯선 남자가 들어오면 심장이 내

려앉았다. 학부모인 척 전화오고 방문하는 건 애교였다.

초기에는 이런 일에 일일이 반응하느라 학원 업무에 몰두할 수 없었다. '내가 그들이 원하는 대로 움직이고 있구나!' 관심을 끊고 무반응으로 일관했다. 그랬더니 견제도 줄어들었다.

길 건너 편 건물로 확장 이전했다. A 수학전문학원이 있었다. 믿을 만한 소식통에 의하면, 상가 관리비도 몇 달째 못 낼 정도로 정체되어 있는 곳이라 했다. 이전하자마자 우리 학생들이 기존에 다니던 수학 학원을 그만두고 같은 상가 A 학원으로 옮겼다. 동선이 편한 곳으로 바꾼 것이다. 수학 학원에 다니지 않았던 학생들도 겸사겸사 A 학원에 등록했다. 한두 달 만에 우리 학생 십여 명이 그곳에 등록했다.

어느 날 50대 후반으로 보이는 여자가 함박웃음을 머금고 학원에 들어왔다. "원장님이 이전해 오면서 우리가 덕을 아주 톡톡히 보고 있어요. 고마워요." A 수학학원 원장이었다. 감사 인사하러 들렀다고 했다. 서로 돕고 살자는 말을 남기고 돌아갔다.

"원장님만 한 딸이 있어요. 힘든 일 있으면 편히 연락해요."
그 후로도 인사차 몇 차례 찾아왔다. A 학원은 정체기에서 벗어나 활기를 찾기 시작했다. 수학학원 원장 소개로 우리 학원에 등록한 학생은 단 한 명도 없었다. 바라지도 않았지만, 뭔가 이상하다고 생각했다. 나는 협력도 경쟁도 관심 없었다. 우리 학원에만 집중했다. 다만 A 학원이 잘되기를 진심으로 바랐다. 딸이 결혼을 앞두고 있는데 학원이 힘들어서 근심이 많았다고 얘기했다. 내 덕분에 큰 걱정 덜었다고 했다. 관리비도 몇 달 못 내고 있었다는 것도 사실이었다.

어느 날 한 학부모가 이런 말을 꺼냈다.

"원장님, 조심스레 드릴 말씀이 있어요."

"어머니, 무슨 일 있으세요?"

"A 수학학원에서 영어 시작했어요. 두 달 무료로 해 준다고 자꾸 전화하시네요. 다른 엄마들한테도 계속 연락하고 있어요."

이상한 느낌…. 바로 이거 였구나! 우리 학원 학생이 등록하면서 밀린 관리비도 내고 정체기에서도 벗어 날 수 있었다. 그런데 영어를 개설할 테니 자기 학원으로 오라 했다. 이때다 싶었던 걸까. 물들어 왔을 때 노 젓고 싶었던 걸까. 더 기가 막혔던 건, 함박웃음 지으며 내게 인사하러 왔던 당일도 어머니들에게 전화하고 있었다.

내 앞에선 세상 인자한 모습으로 딸 운운했다. 뒤에선 20대

미혼 원장이 뭘 알겠느냐며, 어떻게 어머니들에게 자녀교육에 대해 상담할 수 있겠느냐며, 전화를 돌렸다. 은혜를 원수로 갚는다는 거창한 말은 하고 싶지 않다. 돈 욕심 앞에선 상도덕도 없었다.

총성 없는 시간표 전쟁

"원장님, 어쩌죠. 다른 학원이랑 시간이 겹쳐요. 도저히 조정이 안 되네요."

시간표 전쟁이다. 수화기 너머 어머니의 난처함이 느껴졌다. 동일 과목 학원하고만 신경전이 있으면 좋으련만 현실은 모든 학원과 총성 없는 전쟁을 치른다. 하교 시간이 비슷하고 학원 수업 시간은 정해져 있다.

학생은 몇 시간 안에 학원 스케줄을 소화해야 한다. 다른 학원과 시간이 겹쳐 이러지도 저러지도 못하는 경우가 많다. 결국 더 중요시하는 과목으로 옮길 수밖에 없다. 운영자도 학부모도 어디에 가치를 두느냐에 따라 선택한다.

시간표를 늘려서라도 학생에게 선택의 폭을 더 제공하고 수입 창출도 더 원하는 원장도 있다. 다닐 수 있는 학생만 가르치고 싶어 하는 원장도 있다. 어떤 선택이든 내가 주체가 되어 결정하면 후회하지 않는다.

"논술학원 선생님이 늦게 마쳐 주셨어요."

"수학학원 선생님이 수학 보충해야 된다고 영어 가지 말랬어요."

왜 늦었냐는 질문에 이런 답변을 한다. 몇 시까지 영어 학원에 가야 한다는 것을 알면서 학생을 계속 붙잡아 둔다. 시험 기간에는 더 치열해진다. 학원 간 불필요한 기선 제압에서 피해를 보는 것은 학생이다. 나는, 우리 학원 보충 수업 때문에 다른 학원 정규 수업을 가지 말라고 하지 않는다.

학원 간 기본 예의라 생각한다. 먼저 정한 스케줄이 있는지 확인한 후, 결정한다.

학생의 편의를 위해 시간표를 바꾸거나 수업을 새로 개설한 적이 있었다. 6개월이 지나지 않아 모두 그만뒀다. 시스템까지 변경하며 학생 일정을 맞춰 줄 필요 없다는 결론에 도달했다. 학원 주도의 시간표를 만들어야 한다. 학생 놓치기 싫어 무리해서 조정하는 것은 득보다 실이 많다. 시간표는 한 분기 또는 한 학기 앞서 계획해야 한다.

고객 만족을 위한 시간표는 학생 소수를 위해 개설했다 폐강

하는 것이 아니다. 학원이 정한 시간에 학생이 한 명만 등록해도 그 학생을 위해 최선을 다하겠다는 마음이 먼저이다. 시간표 짤 때에도 원칙과 철학을 반영해야 한다.

제2장

학원 경영 : 사람과 시스템의 하모니

잘되는 학원의 비밀

"선생님···! 몇 살이에요?"

초등 저학년 아이들이 유리같이 반짝이는 눈망울로 물었다. 호기심에 가득 찬 개구진 얼굴들이 떠오른다. 내 대답은 항상 같았다.

"나? 백 살이야!"

윗니 아랫니 하나씩 빠진 아이들이 동시에 꺄르르 웃었다. 나도 덩달아 한여름날 폭포수처럼 시원스레 웃었다. 매일 학원에 오면 몇 살이냐 물었다. 매일 백 살이라 대답했다. 같은 질문과 대답, 뭐가 그리 즐거웠을까! 우린 서로에게 '웃음 버튼'이었다. 20대 원장과 이 빠진 학생들이 만들어 내는 경쾌한 합창은 온동네에 펴졌다.

상가도 좁고 혼자 가르치는 것도 벅찼다. 일 년이 안 되어 넓은 곳으로 옮겼다. 확장 이전만 세 번 했다. 실속 있게 '잘되는 학원'이었다. 투자 금액 대비 최대의 수입을 얻었다. 직장 다니는 친구보다 최소 다섯 배 이상 수입을 얻었다.

초창기 시절, 학부모는 오로지 '나'라는 사람 하나만 보고 등록했다. 시스템이라는 개념조차 없었다. 대학 때 과외 하던 방식으로 학생을 끼고 가르쳤다. 6개월까지 학생이 20명밖에 안 되었는데도 하루 일곱 시간 이상을 물도 못 마시고 화장실도 못 갔다. 주말도 없었다. 어린 원장이 물불 안 가리고 열심히 한다는 입소문이 나서 7~8개월 차에 30명이 들어왔다. 열두 평 상가에선 50명이 한계라서 신입생을 받지 않았다. 20명의 대기 학생이 생겼다. 재학생 50명과 대기 학생 20명을 데리고 학원으로 첫 번째 확장 이전했다.

강사를 채용하면서 본격적으로 시스템에 눈뜨기 시작했다. 혼자 있을 땐 모든 규칙이 내 머릿속에만 있어도 괜찮았다. 타인과 공유를 하자니 하나씩 끄집어내어 문서화해야 했다. 시행착오와 불협화음을 겪으면서 학원 상황에 맞게 규칙을 하나씩 만들고 정립해갔다. 사람과 시스템이 조화를 이룰 때 학원은 눈부시게 성장했다.

원장의 강점과 개성을 살린 학원

자녀가 부모를 닮듯, 우리 학원은 나를 닮았다. 분위기부터 사소한 습관까지. 잘 웃는다. 호응을 잘 해준다. 때론 못 말리게 독하다. 하고 싶은 건 반드시 한다. 먹는 걸 좋아한다. 깡다구 지수가 높다. 회복 탄력성이 좋다. 정이 많다. 표현을 잘 한다. 배움에 대한 욕구가 이글이글 타오른다. 기획과 창조를 즐긴다. 우울할 때 커피향기를 맡는다.

이런 성향이 알게 모르게 학원 경영에 배어 있다. 학부모는 내가 호탕하게 잘 웃는다고 좋아한다. 그야말로 빵~! 잘 터진다. 경청하며 리액션을 잘 해준다. 안 되면 될 때까지 하는 독함이 있다. 목표로 한 것은 건강에 이상이 없는 한 해낸다. 먹는 걸 좋아해서 탕비실에 간식이 종류별로 그득하다. 학생들에게 당근과 채찍을 잘 준다. 늘 배운다. 교재와 프로그램 개발을 잘한다. 휴게실에 스타벅스 로고가 걸려 있다.

모두 입을 모아 말한다. 사업의 성공 여부는 차별화에 있다고. 자기만의 독특한 색이 있어야 한다고. 그런데 바로 '색'을 찾기가 어렵다. 그럴 때는 자신의 강점, 약점을 적어 보자. 강점을 찾아 학원 경영에 반영하면 그것이 곧 상대방에게 어필할 수 있는 우리 학원의 특장점이 된다. 학생을 봐도 약점을 보완하는 것보다 강점을 살리는 쪽이 빠르다. 배를 타고 목적지까지 갈 때, 물 흐르는 방향대로 노를 젓는 게 편하고 빠르다.

시스템에 눈뜨다

자녀 교육에 관심 있는 학부모는 커리큘럼과 시스템에 귀를 기울인다. 내가 언제 바뀔지 모르는 강사를 믿기보다 시스템을 믿는 것과 같다. 학부모 입장에서도 체계 없이 이랬다저랬다 하는 곳을 꺼려한다. 상위권 학부모는 교육비 결제를 정확하게 하고 우유부단하지 않다. 신중히 생각하되 결정하고 나서는 흔들리지 않는다. 의무를 다하고 권리를 주장한다. 공부 잘하고 성실한 학생의 특징이기도 하다. 신규 상담할 때, 어머니 질문을 들으면 아이 성격과 성적을 짐작할 수 있다.

오픈 1년 차, 시스템에 대한 개념이 없을 때였다. 온 몸 바쳐서 가르치기만 했다. 대부분 학부모는 열정적인 내 모습을 입 모아 칭찬했다. 그런데 한 분이 한두 달에 한 번씩 컴플레인 전화를 했다. 중학교 3학년 실력을 가진 초등학교 5학년 학생 어머니였다.

"왜 숙제를 많이 내줬다 적게 내줬다 하세요? 어떻게 계획을 세워야 할지 모르겠어요."

어머니 말처럼 30분 분량을 내주었다가 어느 날은 두세 배로 껑충 뛰었다. 바쁠 때는 대충, 여유 있을 때는 영역별로 꼼꼼히 내주었다. '체계적이고 일관성 있는 과제 내주기'에 대해 처음으로 고민하기 시작했다. 시스템은 거창한 것이 아니다. 숙제, 교재 채점을 일관성 있게 하면 그것이 시스템이다.

고객의 목소리에 귀 기울이기, 작은 시스템부터 탄탄히 세우기, 이것이 잘되는 학원의 초석이다.

걱정 마! 우리 학원 망하지 않아!

"원장 선생님, 많이 아파요? 학원 문 닫아요?"

"아니야. 어디서 그런 말 들었어?"

"엄마한테도 듣고, 미술학원 선생님한테도 들었어요."

"네가 결혼해서 아기 낳을 때까지 끄떡없을 거야. 걱정 마!"

예고 진학으로 중3때 그만둔 여학생이 눈물을 뚝뚝 흘리며 학원에 왔다. 발 없는 말이 천리를 간다더니 어떻게 소문이 난 걸까. 내가 암병동에 있는 걸 누가 봤나 보다.

2010년 8월부터 암치료를 시작했다. 병원은 학원과 차로 10분 거리였다. 학원을 덜 비우려고 가까운 곳으로 정했는데 보는 눈이 많았던 듯하다. 200명대 학생이 40명이 되었다. '점점 더 줄겠지… 열 명도 안 남을 거야…' 가망이 없겠다는 생각이 들었지만 폐원할 생각은 눈곱만큼도 없었다. 남들 보기에는 망해가는 곳 이었지만 내게는 생명만큼 소중했다. 자식 같은 곳이었다. 중학 교 때부터 내 꿈이었고, 10년간 내 전부였고, 적지 않은 돈을 벌 게 해 준 고마운 학원이었다. 무엇보다 우리 학생들과 추억이 깃 든 곳이었다. 힘든 일이 있으면 문득문득 이곳을 찾아오는 아이 들에게, 1호점은 안식처였다. 나 혼자만의 것이 아니었다.

부모가 아프다고 자식을 그리 쉽게 버릴 수 있는가? 병원에 서 만난 '엄마'라는 이름의 사람들은 내일 암수술을 하는데도 아이들 밥 굶을까 걱정하더라. 1호점은 내게 그런 존재였다. 아 파도 절대 포기할 수 없었다. 마지막 한 명이 남을 때까지 지키 기로 했다.

이런 결심과 달리, 나는 가망 없는 사람이었고 우리 학원은 망해 가는 곳으로 소문은 그렇게 퍼져갔다. 치료받으며 겪은 두 려움과 고통보다 더 아팠다. 몸에 생긴 병은 없애기라도 하지, 마 음에 생긴 건 어떻게 해야 할지 몰랐다. 하루를, 한 달을, 일 년을, 그냥 꾸역꾸역 견뎠다. 끝까지 남은 40여 명의 학생들은 초등부 전임 선생님과 보조 선생님이 맡아 가르쳤다. 학생이 줄면서 떠 나보내야 했던 중고등부 선생님들을 생각하면 아직도 가슴이 아 린다.

사람과 시스템으로 일어서다

학원에 매달릴 때는 보이지 않던 것이 한 걸음 물러서니 보였다. 집에 있든 병원에 있든 내 생각은 한 곳으로 모였다.

'내가 없어도 학습 결손이 생기면 안 돼.'

'내가 없어도 교육비 받은 것보다 더 돌려줘야 해.'

내 수입은 0원이어도 좋았고 적자여도 괜찮았다. 선생님, 학부모, 학생만 생각했다. 그나마 40명 정도가 남았던 것은 초등부 전임 선생님 덕분이었다. 창업해서 정착하기까지 2년 정도가 걸린다. 신규 강사가 시스템을 온전히 익혀 스스로 업무 처리를 하는데 비슷한 시간이 걸린다. 전임 선생님은 2년이 넘은 상태였다. 중요한 일만 결정해주고 가이드라인만 주면 대부분의 업무는 처리할 수 있었다. 함께 근무하며 일일이 간섭할 때보다 오히려 능동적으로 일했다. 나는 지켜보며 빈틈을 채워주었다. 어느날 이런 얘기를 웃으며 주고받았다.

"선생님, 제가 없으니까 더 잘하시는 거 같아요?"

"원장님이 계속 지켜보시니까 긴장되고 부담도 되었거든요."

나는 강사에 대해서 늘 이런 마음을 가졌다.

'같은 학원 안에 있는데도 무책임한 짓을 저지르는데 내가 없

으면 오죽할까.'

'식당에 가도 사장 없으니까 바로 표시 나잖아!'

의도한 바는 아니었지만, 출근을 못하고 '방구석 학원 경영'을
하게 되자 생각의 틀이 깨졌다.

'10년 동안 내 속을 뒤집어 놓았던 강사들, 모두 내 눈앞에 있
었어.'

'같은 공간에 있고 없고가 중요할까.'

'사람이 문제고, 사람이 답이야.'

'시스템을 그물처럼 촘촘히 만들자.'

청소 횟수, 채점 동그라미 모양, 수업 진행 방식, 과제 종류 등
모든 것을 표준화 했다. 결제/보충/결석 문자도 상황에 맞는 문구
로 모두 지정해 놓았다. 선생님은 학생에게만 집중하도록 했다.
그 외 업무는 분야별(시험지 만들기, 채점, 정리정돈, 보충, 자습 관리, 수납 등)
로 보조 인력을 두었다. 대학교 3학년 이상이 된 우리 학원 출신
제자들에게 맡겼다.

열 명도 남지 않을 거라 예상했던 1호점은 정체기를 겪은 후
80명대로 회복했다. 외부 등록은 적었지만 재학생 만족도가 높
아 형제 회원이 다시 들어오기 시작했다. 선생님들이 현장 업무
를 충실히 했고 나는 빈틈을 찾아 시스템을 완성해나갔다. 상승
세를 타기 시작했다.

시스템 복제로 분산 경영을 시작하다

1호점은 영어전문 보습학원이다. 외국어를 좋아해서 1호점 옆에 국제화 어학원을 경영하고 싶었다. 초창기 때부터 목표였다. 그런데 1호점을 크게 키우는 것도 그 지역에서 어학원을 시작하는 것도 싫었다.

"원장 선생님, 어제 네 시쯤 마트에 갔죠?"

"어제 같이 밥 먹은 남자 누구예요?"

"병원 앞 약국에 들어가시는 거 봤어요."

자유롭고 싶었다. 어딜 가나 학부모와 학생을 만났다. 예쁜 추억만큼이나 아픔도 많았던 곳, 거리를 두고 싶었다. 근무시간 외에는 나만 위하고 싶었다. 병원에서 누굴 만날까 두리번거리고 싶지 않았다.

서울 학원과 거리두기, 오랜 꿈이었던 어학원 경영하기, 자가 상가에서 안정적으로 운영하기 등의 이유로 서울과 가까운 경기도에 관심을 가지게 되었다. 서울에서 어학원 허가 평수는 교실 면적만 150제곱미터지만, 경기도는 90제곱미터다. 허가 면적은 지역마다 다를 수 있으나 대체로 서울보다 작은 평수로 가능하다. 뜻이 있으면 길이 있다고 했던가. 프랜차이즈로 인연을 맺었던 원장님들이 학원 인수 제의를 해왔다. 1호점은 내가 원장으로 계속 있었기에 원장 수업 없이 운영되는 곳을 인수했다. 1호점을 다시 키웠던 자신감으로 그렇게 2, 3, 4호점을 경영하게 되었다. 1호점의 시스템을 복제해서 똑같이 적용했다.

1호점 하나만 운영했던 10년보다 오히려 지금이 훨씬 수월하다. 미로 안에 있을 때는 출구가 보이지 않아 이리저리 벽에 부딪혔다. 밖으로 나와 내려다보니 훤히 보였다. 잘못된 것이 금세 눈에 들어왔다. 재빨리 고쳤다. 삐딱한 곳은 균형을 맞췄다. 하나일 때는 거기에 올인 하느라 객관적인 시각을 갖기 어려웠다. 비교 대상이 없었으니까. 여러 개를 보니 어떤 지점이 어떤 문제를 가지고 있는지 파악이 되었다. 각 지점 원장 및 책임자끼리 서로 협력하도록 했다. 강사가 문제를 일으키면 다른 지점에서 도와주도록 했고, 홍보도 같이 한다. 옛날의 품앗이처럼.

삶의 방식이 다양하듯 학원 경영도 그렇다. 1인 경영부터 대기업 수준의 교육기업까지 공존한다. 기혼, 미혼, 비혼, 딩크족, 다자녀 가족, 3대가 함께 사는 대가족이 있다. 결혼을 해서 아이를 갖지 않는 부부도 있고 한 명만 낳거나 여러 명을 낳는 부부도 있다. 외부 요인이 있을 수도 있지만 대체로는 본인들의 선택이다. 한 자녀지만 키우기 힘들어 하는 사람이 있고, 네 자녀지만 키울 만하다는 사람도 있다. 자녀수가 많을수록 더 힘든 것은 아닌 듯싶다. 자녀들이 크면 자기들끼리 노니 편한 점도 있을 것이다. 학원 경영도 우리 삶의 방식과 닮았다는 생각을 종종 한다.

학원은 내게, 가족이고 자식과 같다. 부모는 잘난 자식, 못난 자식을 가려 키우지 않는다. 나도 같은 마음으로 학원을 키워 왔다. 잘 나갈 때나 못 나갈 때나 모든 순간 소중했다. 그래서 포기하지 않고 지금까지 왔다. 0명으로 시작해서 300명에 육박할 때도 있었고 다시 40명 아래로 떨어진 적도 있었다. 어떤 모습이든, 있는 그대로를 좋아했다.

처음에 학원은 내 꿈이었다. 언제부터인가 우리들의 꿈이 되었다. 1호점부터 함께 했던 선생님들과 성인이 된 내 제자들이 학원을 지키고 있다. 믿을 만한 사람들이 곁에 있다는 것. 분점을 탄탄히 유지할 수 있는 가장 큰 이유이다. 소중한 그들이 꿈과 목표를 이룰 수 있게, 더 큰 사람이 되어 선한 영향력을 펼칠 수 있게 버팀목이 되어 줄 것이다. 학원인으로 스무 해 넘게 살면서, 내가 얻은 것은 사람이고 내가 만든 것은 시스템이다.

시스템 도구 : 문서와 기록

전화보다 문자, 카톡, 이메일 등으로 의사소통하는 게 보편화되었다. 나는 음성보다 문자를 선호한다. 기록으로 남길 수 있고 정확하게 전달할 수 있어서다.

"엄마가 수업 시간 바꿔도 되냐고 여쭤보래요."

"엄마가 보충 언제 해주시냐고 물어보래요."

"어디 가야한다고, 오늘 빠지고 내일 많이 하래요."

"오늘 피곤해서요. 내일 더 할게요."

몇몇 학부모는 직접 물어보기 껄끄러운 걸 아이 편에 시키는 경향이 있다. 모든 문의를 문자로 먼저 받는다. 기록으로 남기기 위해서다. 공지문이 나가면, 학생 편에 답을 주는 경우가 종종 있다. '말'로 전달받지 않는다. 학부모에게 문자로 '직접' 남겨달라고 요청한다. 말로 전할 때보다 신중할 수밖에 없다.

'시간표나 결석에 대해 궁금하신 점 있으시면 학원 폰으로 학부모님께서 직접 문자 남겨 주십시오. 학생 편에 말로 오고가면 잘못 전달될 수 있습니다. 기록으로 남겨 학생에 관한 모든 것을 투명하고 명확하게 관리하려 합니다. 오늘 수업 빠지고 내일 더 한다는 말을 습관적으로 하는 학생이 있습니다. 수업은 학원이 정한 시간에 학생이 와서 하는 것입니다. 학생이 '일방적으로 통보한' 스케줄에 맞춰 제공하지 않습니다. 감사합니다.'

오픈 초기부터 학부모에게 편지를 자주 썼다. 학습 결과지도 매달 A4 두 장씩 빽빽하게 적었다. 문자·문서 경영을 체계적으로 했다. 신입생 공문, 매달 소식지, 분기별 커리큘럼 안내문, 주차별 문자를 매뉴얼화시켰다.

'이 시기엔 이런 문의가 자주 왔었지.'
'같은 걸 자꾸 물어보시네?'
이런 질문들에 대한 답변을 모아서 시기에 맞게 보낸다. 시험 대비 보충, 여름 휴가, 결석에 따른 보충과 교육비 규정 등에 관한 것이 그런 예이다. 문제가 발생하기 전에 미리미리 체계적으로 반복해서 안내했다. 개인에게 감정이 있는 것이 아니라 우리 학원 원칙이 이렇다는 걸 알렸다. 학부모가 이런 말을 종종 했다.

"궁금했던 건데 어떻게 알고 보내셨네요."

학생이 학원도 여러 개 다니고 학원마다 정한 규칙이 다르니 일일이 챙기기 힘들다. 아이 학습에 관심이 많아도 시간이 지나면 긴가민가하다. 또 꼼꼼히 읽는 분이 많지 않다. 공문으로, 문자로 반복해서 공지했는데 읽지 않고 무턱대고 질문부터 한다. 강사에게 반복해서 업무 전달을 하고, 학생에게 복습을 강조하듯이, 학부모에게도 규칙적으로 알려야 한다.

공문이나 문자에 있는 내용을 물어보면 이렇게 문자 보낸다.

'문자가 많이 오고 바쁘셔서 확인을 못 하셨나 봅니다. 3일 전에 보내드린 문자 확인 먼저 해주시겠어요? 궁금해 하시는 모든 것이 거기 있습니다. 확인 후, 설명이 더 필요하시면 학원 운영 시간 내 연락 주셔도 좋고, 그 외 시간에는 문자 남겨 주시면 근무 시간에 답변 드리겠습니다.'

이 문자는 매뉴얼화되어 있다. 같은 상황일 때, 매번 작성할 필요 없이 그대로 또는 약간만 수정해서 전송하면 된다. 어떻게 보면, 그냥 답변을 해주는 게 편할 수 있다. 그런데도 이렇게 하는 건 학부모에게 공문을 읽도록 하기 위해서다.

'궁금해 하시는 것들의 대부분은 공문에 자세히 나와 있습니다. 공문 나갈 때마다 문자와 전화가 많이 옵니다. 수업에 집중할

수 있게, 내용에 없는 것만 질문 부탁드립니다.'

이런 과정을 반복했더니 읽지 않고 질문부터 하는 학부모가 확연히 줄었다.

"문제 똑바로 읽어!"

"본문에 답 다 있잖아! 물어보지 말고 직접 찾아!"

"읽지도 않고 무조건 모른대."

자녀가 하는 행동을 학부모 본인도 한다는 걸 차츰 인지해서일까. 공문만 나가면 빗발쳤던 문의가 사라졌다.

기록은 분쟁이 있을 때 해결책이 되며, 내 권리를 찾는 데 도움이 된다. 교육비 관련은 매달, 휴가나 연휴에 관련된 것은 한 달 전에 미리 공지한다. 교육비 연기나 환불 요청이 있을 경우, 첫 상담 시 안내드렸던 원칙을 사진 찍어 카카오톡으로 보낸다. 학원 과실이 아니고, 그에 대한 책임이 없다는 것을 전달한다. 학부모가 사소한 컴플레인이라도 하면 기록해 둔다. 같은 문의가 또 들어온다. 그런 것을 모아 매뉴얼로 정착하여 미리 공지해두면 학부모와 불필요한 신경전을 벌이지 않아도 된다.

기록과 소통은 갈등을 해결해 준다. 상가 임대차 계약서, 근로 계약서, 교사 근무수칙, 입학 안내문, 교육비 수납대장, 성적 기록, 상담 일지 그리고 각종 업무 매뉴얼. 이것들의 공통점은 무엇일까? 바로 기록이다. 문제가 생겼을 때 참고할 수 있는 증거 자료이다.

문서 작성은 깐깐하게

"원장님, 엄청 꼼꼼하시네요!"

"이렇게 상세한 안내문 처음 봤어요."

"이거 직접 다 작성하신 거예요?"

신규 상담 온 학부모에게 늘 듣는다. 안내문을 읽는 학부모의 눈동자가 1.5배 커진다. 보험약관만큼이나 자세하다. A4 용지열 장 분량이다. 20년 전에는 한 장이었다. 사건이 한 가지씩 생길 때마다 규정을 추가했더니 최대 열다섯 장에 다다랐다. 내용을 넣고 빼고를 반복하면서 지금의 열 장이 되었다. 모두 꼼꼼히 읽는 분은 많지 않다. 교육비와 보충 수업 등 핵심만 담은 요약본두 장을 같이 드린다. 입학 때 학원 규칙을 자세하게 설명한다. 동의하는 분만 등록할 수 있다. 끝까지 좋은 관계를 맺을 수 있는최선의 방법이었다. 상식을 가진 분이라면 전혀 거부감 없이 등록한다. 학생 한 명이 아쉬워 이런 과정 없이 수업을 시작하면 더큰 것을 잃는다.

사람은 겪어 보기 전에 알 수 없다. 문서로 미리 확인하는 절차가 필요하다. 그러면 불미스러운 일을 방지할 수 있다. 원장이 빈틈 없고 프로다운 모습을 보여 주면, 몰지각한 사람들이 쉽게 보질 못한다. 등록을 꺼리고, '갑' 행세할 수 있는 곳으로 발길을 돌린다. 그런 사람들은 대개 체계가 확실히 갖추어진 대형 학원 보다 소규모 학원을 선호한다. 1인 경영 학원일수록 입학 문서부터 꼼꼼히 갖추어 놓는 것이 좋다. 기록은 원장이 '을'이 되는 상황을 방지해준다.

입학 안내문은 기존 학부모에게도 일 년에 두 차례 발송한다. 주로 여름 방학과 겨울 방학 시작할 때 방학 계획표와 함께 보낸다. 방학 동안, 휴가로 인해 보충 수업과 교육비 문의가 많기 때문이다. 첫 등록 이후 시간이 지났기 때문에 규정을 기억하지 못한다. 그래서 다음과 같은 요구를 자주 한다.

"원장님, 보충 언제 해 주세요?"

"교육비 환불이나 연기해 주시나요?"

직접 문의하지 않아도 속으로 궁금해 하는 학부모도 많을 것이다. 규정을 안내하면, 학부모가 잊고 있었던 것이니 불만을 가질 이유가 없다. 요구 사항이 있더라도 부탁이나 양해를 구하는 쪽으로 바뀐다. 구두로만 이야기가 오고 가거나 애초에 기록이 안 되었다면 모래알처럼 꺼끌꺼끌한 상황을 떠안게 된다.

시스템이 경영이다

'당신이 당신의 모델에서 무슨 일을 하든, 그보다 더 중요한 것은 그 일을 매번 똑같은 방식으로 해야 한다는 점이다.' (《사업의 철학》, 마이클 거버)

《사업의 철학》의 저자 마이클 거버는 전 세계 기업인들에게 성공적인 사업 노하우를 전하는 사업가이다. 그가 제시한 노하우 중 으뜸은 '시스템의 표준화'였다. 학원 사업의 성공 여부도 이것에 달려 있다. 학생 수 70여 명 정도까지는 원장의 능력과 열정으로 감당할 수 있다. 그 이상은 체계적인 업무 분담이 불가피해진다. 시스템의 중요성이 높아지는 시기이다. 출결부터 관리까지 모든 절차와 방법을 정해진 규칙대로 실행해야 한다.

단골 식당에서 배운 표준화와 시스템

직업병을 가지고 있다. 식당, 병원, 미용실 등 어떤 장소에 가든지 학원 시스템과 비교 분석한다. 업종은 달라도 경영의 기본은 일맥상통한다. 음식을 시켰는데 전과 달리 맛이나 양이 줄어 실망한 적이 있다. 같은 돈을 냈는데 맛과 양이 들쑥날쑥하면 발길을 돌리게 된다.

학원 근처에 60대 부부가 운영하는 열 평이 될까 말까 한 식당이 있다. 바쁜 시간대는 직원 한두 명이 더 있다. 한식 한 끼가 6천 원인데 반찬이 여덟 가지나 된다. 공깃밥과 반찬을 리필해서 먹을 수 있다. 줄서서 먹어야 할 정도로 유명한 집이다. 어찌나 잘되는지 카드 결제할 일손이 부족해서 손님이 해야 할 정도다. 한가한 시간대에 간 적이 있다. 사장님이 제육볶음에 쓸 고기를 일인분씩 저울로 재서 소포장하고 있었다. 경력이 많으니 눈대중으로 양을 짐작하리라 생각했다.

"사장님, 지금까지 그렇게 준비하셨어요?"

"항상 그랬어요. 나 혼자서만 하면 괜찮아요. 그런데 직원이 하면 양이 달라져서 안 돼요. 내가 하든 직원이 하든 항상 똑같이

드려야지요. 들쑥날쑥하면 손님들 맘 상해서 다른 데 가요."

평상시에도 손발이 척척 맞는다는 걸 느꼈다. 여자 사장님은 총괄 지휘와 메인 음식 조리, 남자 사장님은 서빙과 정리, 직원 한두 명은 설거지와 밑반찬 준비를 한다. 언제 찾아도 맛과 양이 예측 가능하다. 일관된 서비스를 제공한다. 항상 원했던 '그것'을 틀림없이 먹을 수 있다. 작은 식당이지만 음식 맛과 양을 표준화 시켰고, 가게는 시스템에 따라 운영되었다.

우리 학원도 정규수업, 보충수업, 시험대비, 교육비, 장학금, 이벤트, 과제 등 학원에서 이루어지는 모든 것을 표준화시켰다. 선생님이 갑자기 교체되어도 동일한 수업을 제공한다. 보충수업 도 매달 2회 같은 요일, 같은 시간에 시행한다. 정규수업은 모든 학생들에게 똑같은 시간을 할애한다. 같은 교육비를 내는데, 힘 든 아이는 오래 봐주고, 혼자서 척척 잘하는 아이는 조금 봐주면 아이 마음이 어떨까? 또 그걸 알게 된 부모는.

"원장님, 민지가 저녁 먹다가 갑자기 울었어요. 선생님이 자 기는 계속 안 봐주신대요."

민지는 성실하고 공부 잘하는 학생이었다. 선생님이 하라고 하는 것은 틀림없이 하는 예쁜 학생이었다.

담당 선생님과 이야기를 나눴다.

"민지는 혼자서 잘해서 손 많이 가는 아이 더 신경 쓰느라 못 봐줬습니다."

"선생님, 어떤 상황인지 충분히 알겠어요. 저도 옛날에 그랬어요. 시간을 재서라도 고르게 관심주세요. 똑같이 돈 냈는데 물어보지도 않고, 남자는 밥 많이 주고 여자라고 조금 주니깐 기분 별로였어요."

수업에도 표준화를 적용시켰다. 학부모의 신뢰도는 껑충 뛰었고, 퇴원율이 낮아졌다. 선생님 업무도 단순화시켰고 학생들의 실력도 높아졌다. 단, 한 가지 주의해야 할 점이 있다. 표준화의 의미가 학생의 성향과 역량을 무시하고 똑같이 가르친다는 것은 아니다. 학원은 사람(경영자)이 사람(강사와 직원)과 함께 사람(학부모와 학생)을 위하는 사업이다. 유동적일 수밖에 없다. 물리적 조건은 시스템화하되, 학생 성향에 맞는 지도는 획일화해서는 곤란하다.

체계적 시스템의 부재는 고객을 잃는 지름길

《사업의 철학》에 나오는 일화 한 가지를 소개한다. 시스템의 중요성에 관한 것이다. 저자 마이클 거버는 어떤 이발소를 처음

이용하게 되었다. 상당히 마음에 들었다. 전동가위 대신 손으로 잘라주고 샴푸를 해주고 차 대접도 해주었다. 두 번째 갔을 때는 50퍼센트는 전동가위를 쓰고 샴푸는 해주지 않았다. 서비스는 처음과 달랐지만 머리 모양은 마음에 들어 다시 방문했다. 세 번째는 머리를 감겨주고 손으로 잘라주었지만 커피는 없었다. 첫 번째, 두 번째, 세 번째! 머리카락 자르는 방식과 서비스가 모두 달랐다. 저자는 일관성과 예측 가능성 없는 그 이발소를 다시 이용했을까? 비슷한 사례는 학원에서도 빈번히 일어난다.

"우리 아이 담당 선생님이 누구시죠? 3개월이 넘도록 피드백 받아 본 적이 없어요."

"교재는 한 달이 지났는데 왜 체크가 안 되어 있나요?"

"시간표가 너무 자주 바뀌네요!"

"채점이 자주 잘못되어 있어요."

선생님의 성향과 역량에 따라 수업이 좌지우지되는 학원은 선택받지 못한다. 상담 횟수, 교재 채점 방식, 시간표, 보강 범위 등, 담당이 바뀌어도 동일하게 제공할 수 있어야 한다.

시스템 개발의 처음과 끝 : 고객 만족

"보충 많이 해줬는데 어머니가 화를 내며 그만뒀어요. 이해가 안 가요."

지인 원장님이 속상한 마음을 털어놓았다. 같은 경험을 했다. 한 시간 수업인데 두 시간씩 봐줬다. 개인과외처럼 꼼꼼하게. 만족하는 분이 많았지만 모두가 그런 것은 아니었다. 시간과 노력을 몇 배로 들인 학생이 떠났다. 처음엔 원인을 학생 탓으로 돌렸다.

'공부하기 싫으니까 그런 거지!'

'고마운 줄도 모르고.'

그 후로 비슷한 일이 반복해서 일어났다.

'내게도 문제가 있구나!'

내 마음과 솔직히 대화했다.

'교육비보다 몇 배로 더 해 줬어. 시험 결과 나빠도 내 탓 아냐!'

'성적 안 나오면 학원 이미지 나빠지잖아.'

'실력 안 오르면 내가 무능력하다고 생각할 거 아냐.'

성적을 올려 주고 싶었다. 마음 한 쪽에는 이런 마음도 깔려 있었다. 학생은 원하지 않았다. 내 만족을 위해 필요 이상 오래 가르쳤다. 온 관심이 자기에게만 쏠려 있었으니 사춘기 학생은 숨이 막혔을지도 모르겠다.

학생이 연이어 그만둔 적이 있었다. 남아 있는 학생에게 신경 써야겠다는 생각이 번뜩 들었다. 선생님에게 밀착 관리해 주라 고 했다. 지나쳤는지 더 그만뒀다. 같은 이유였다. '나만 쳐다보고 있는 선생님'이 부담스러웠겠지. 학생이 그만둘까 전전긍긍하며 매달리듯 지도하는 것은 좋지 않다. 신입생 들어왔다고, 기존 학 생 소홀히 하는 건 최악이다. 지금 생각하면 쥐구멍에라도 들어 가고 싶다. 학생을 위해 밀착 관리를 한 게 먼저가 아니었다. 퇴 원이 이어지니 학생이 동요할까 봐 관심을 증폭시켰던 거다.

보여 주기 위한 시간이었다. 어머니는 알고 있었다. 그런 수 업은 도움이 되지 않는다는 걸. 내가 학생 입장이 되었을 때 같은 경험을 했다. 그때서야 그만두고 싶었던 학생 마음을 이해할 수 있었다.

트레이너에게 개인 지도를 받았다. 한 시간 레슨인데 30분 이상을 더 시켰다. 목표 체중에 다다르지 않았다며 시간을 계속 연장시켰다.

'열정이 많은 분이네.'

처음엔 감사한 마음으로 트레이너를 따랐다. 이런 날이 반복되었다. 그리고 느꼈다.

'나를 위한 게 아닌데….'

'목표에 다다르지 못하면 본인이 만족을 못 하는 거야.'

나를 위한 것도 분명 있었을 거다. 그러나 중요한 사실이 있다. 즉흥적으로 결정된 보충시간은 아무 도움이 되지 않았다. 한 시간 목표를 향해 전력질주했다. 그 후에 샤워를 하고 쉬고 싶었다. 그런데 다시 뛰라니…! 그 이상은 무리였다. 거부감만 늘었고 운동 자체가 싫어졌다. 내 생각을 전했지만 본인만의 스타일이 굳어 있었다. 나와 트레이너는 고객이 진정 원하는 것을 몰랐다. 자기만족을 더 앞세웠다. 체계적인 시스템 없이 이랬다저랬다 했다. 떠나게 만들었다.

계획된 것, 약속된 것, 그런 시스템을 만들어야 학부모가 신뢰할 수 있다. 학원 시스템은 학부모와 학생을 생각하는 마음에서 비롯되어야 한다.

학원비 책정 시 고려해야 할 것

학원비를 정할 때는 각 지역 교육청에서 제시한 '1분당 기준 금액'을 참고해야 한다. 지역, 학원 형태, 수강 대상에 따라 금액이 다르다. 이것을 먼저 알아보고 수업 시간과 지역 평균 교육비를 함께 고려해야 한다.

우리 학원 교육비는 초등부의 경우, 지역 평균 금액과 같다. 중고등부는 1~2만 원 낮다. 수업시간은 일주일 기준 평균보다 60~90분 길다. 관리가 철저하고 면학 분위기가 잘 잡혀있고 공부 잘하는 학생이 많은 것으로 유명하다. 분위기 자체가 이러니 공부를 하지 않던 학생도 덩달아 한다.

교육비에 '가성비'라는 말을 쓰고 싶지 않지만, 가성비 탁월한 학원이다. 내가 택한 교육비 전략은 불필요한 고정 지출을 최대

한 줄여 합리적인 교육비를 제공하고 내 목표 수입도 유지하는 것이다. 사교육비에 민감하다고 하지만 학부모는 교육비가 싸다고 학원을 선택하진 않는다. 우리 학원이 오랜 기간 신뢰를 얻은 이유는 합리적인 교육비와 더불어 학생관리가 철저하고 실력을 올려주었기 때문이다.

'비싼 곳이 좋을 거야.'
'옆집 엄마도 비싼 데 보내는데 나도 그래야지.'
'안 보내면 돈이 없어서 그런다고 생각할 거야.'
학원을 선택할 때, '가심비(價心比)'를 고려하는 학부모도 있다. 비싸더라도 심리적인 만족감을 중요시한다. 경제 사정이 좋지 않아 가정에서 교육시키겠다더니, 더 비싼 학원으로 옮겼다. 교육비 할인해 줬더니 다른 학원에 등록하는 학부모도 있었다.

서비스와 이벤트

학원의 본질은 실력이 향상되도록 돕는 것이다. 선생님, 교실, 책걸상, 칠판만 있어도 가능하다. 부대시설과 서비스의 유무가 등록에 결정적인 영향을 끼치지 않는다. 교육비는 정규수업 시간에 대한 비용이지 서비스 요금이 포함되어 있지 않다. 아래

와 같은 것을 전혀 제공하지 않았을 때도 충분히 잘 운영되었다.
다만 내 사업장에 찾아오는 고객에게 더 좋은 환경과 소소한 즐
거움을 주고 싶었다.

원서(대여)	초등 1학년부터 고등학생까지 볼 수 있는 원서 천여 권 구비
한글책	Why 시리즈 전집 외
희망 도서 신청	학부모와 학생에게 희망 도서 신청을 받아 매달 평균 열 권 구입한다.
자습실 & 휴게실	학원 운영 시간 내 항시 이용 가능하며 보조 선생님이 별도로 관리한다. 관리 인력이 없으면 운영하지 않는 게 좋다.
간식	한입거리 간식을 항상 비치한다.
선물	생일, 졸업, 입학, 어린이날, 크리스마스, 여학생 초경 기념, 학원 등록 기념일
문방구, 분식점 연계 쿠폰	학부모와 학생 모두 만족도가 높다.
비대면 결제	제로페이 가맹, 모바일 결제 확대
장학생 선발	분기마다 출석과 과제 성적이 우수한 학생에게 지급
단어의 제왕 선발 대회	연 1회 실시 (1등 장학금 10만 원)
영어 독서 감상화 그리기	매년 2월 작품 전시회
포틀럭(potluck) 파티	연 1~2회, 영화 감상, 골든벨 게임

※코로나19로 간식/파티는 중지

학부모의 불만이 시스템을 완성시킨다

신입생은 예비 퇴원생이다. 다니는 기간만 다를 뿐 100퍼센트 정해져 있다. 사람이 다양하듯 퇴원 사유도 가지각색이다. 미리 방지할 수 있었던 퇴원도 있지만, 이사나 경제 사정 등으로 불가 피한 경우도 있다. 학원에 불만이 없어도, 학원과 상관없이, 때론 그냥 다니기 싫을 수도 있다. 시시각각 변하는 학부모와 학생의 마음까지 잡을 수 없다. 할 수 없는 일에 안타까워하지 말고 당장 할 수 있는 일에서 해결책을 마련해야 한다. 학원에서 할 수 있는 일은 관리 부족으로 그만두는 학생이 없도록 학습 관리를 철저히 하는 것이다.

퇴원 사유를 파악하는 방법은 크게 네 가지다.

첫째, 신입생은 다른 학원의 퇴원생이다. 상담 시 그만둔 이유를 물어본다.

둘째, 우리 학원을 그만둘 때 이유를 물어보고 참고로 한다.

셋째, 영어는 계속 다니는데 다른 학원을 옮길 때.

넷째, 내가 직접 고객이 되었을 때를 생각해 본다.

마지막이 가장 확실했다. 직접 경험한 것이니까. 운동 센터든 음식점이든 내가 왜 그만두었는지를 생각해 보면 답이 명확했다.

'나는 그때 왜 기분이 나빴지?'

'어떤 점이 마음에 들지 않았지?'

'그만둔 결정적 이유가 뭐지?'

내게 질문을 던지며 학원의 역할을 점검한다. 유별나고 예민하고 괜히 트집 잡는 학부모가 아니라, 고객 입장에서 충분히 제기할 수 있는 불만 사항은 귀 기울이고 시스템에 반영해야 한다.

아래 사항은 객관적인 시각을 가진 학부모와 지인이 말해 준 학원에 실망했을 경우이다.

허술한 교재 관리

학원 교재를 매번 꼼꼼히 살피는 학부모는 많지 않다. 그게 힘들어 돈을 지불하고 학원에 믿고 맡기는 것이다. 어쩌다 한 번 검사를 했는데 채점이 엉터리로 되어 있고, 문제를 푸는 둥 마는 둥 했다면 어떤 부모라도 기분 좋을 리 없다. '선생님도 사람이니 실수할 수 있겠지.' 한두 번은 넘어갈 수 있다. 이런 일이 반복된다면 돈 내고 스트레스 받으며 학원에 보낼 이유가 없어진다. 퇴원을 부추기는 지름길이다.

차별은 싫어요

학원에서 특정 학생을 고의로 차별하는 일은 거의 없을 것이다. '나도 모르게' '차별인지도 모르게' 그렇게 하게 된다. 차별이 아닌데도 학생이 예민하게 받아들일 수도 있다. 하지만 그렇게 느꼈다면 주의를 기울여야 한다.

"원장님, 드릴 말씀이 있어요. 좀 웃기기도 한 얘긴데요. 재우가 하도 서럽게 울어서요."

초등학교 4학년 어머니가 웃음 띤 목소리로 전화했다. 재우가 운 이유는 이렇다. 3~4년 전부터 학부모 선물을 일체 받지 않지만 그전까지는 간식이 종종 들어왔다. 사시사철 빵 종류가 제일 많았고 여름엔 아이스크림도 받았다. 간식이 들어오면 그날 바로 선생님, 학생과 나눠 먹었다. 재우가 등원하기 전, 빵 선물을 받아서 그 자리에 있었던 학생에게 전부 나눠줬다. 재우가 들어섰을 때, 친구는 먹고 있었고 남은 건 없었다. 뒤에 오는 학생들이 한두 명이 아닌데, 전부 고르게 나눠 줄 수도 없고 단지 그 시간, 그 자리에 있던 학생들에게 주었을 뿐이었다. 그냥 타이밍의 문제였다. 그런데 재우는 선생님이 자기만 미워서 안 줬다고 생각했다.

"괜히 별일도 아닌데 신경 쓰이시게 하는 것 같아 전화 드릴까말까 망설였어요. 재우가 웃기잖아요. 애기도 아니구요. 저는 그 상황 충분히 이해가거든요. 그런데 선생님이 자기 미워한다고…, 학원 안 갈 거라고 해서 이렇게 전화 드렸어요. 달래서 내일 학원 보낼게요. 내일만 조금 더 관심 부탁드립니다."

다음 날 재우가 수업 마치고 돌아갈 때 살짝 불러서 초콜릿을 줬다. 선생님이 재우 미워하는 거 아니라는 걸 확실히 표현했다. 싱글벙글하며 돌아가던 모습이 떠올라 웃음이 번진다.

처음 이런 일이 있었을 때 재우가 예민한 아이라 생각했다. '뭘 그런 거 가지고.' 학원 다니기 싫었는데 이걸 핑계로 그런가보다 했다. 그런데 그 후로 같은 상황이 있었다. 학생은 선생님이 생각하는 것보다 '차별'에 마음 다치기 쉽다는 걸 알았다. 내가 어디 가서 조그마한 차별이라도 받으면 기분 나빠하면서 학생에게 그렇게 행동하지 않나 반성했다. 사소하다면 사소할 수 있는 상황이 지만, 차별대우하지 않겠다는 다짐을 거듭하는 계기가 되었다.

빈틈 많은 출결 관리

"우리 애가 결석해도 연락이 없었어요."

딱 한 가지 이유 때문에 학원을 옮기진 않는다. 대한민국 어디에도 내 입맛에 맞는 선생님과 커리큘럼을 갖춘 학원은 없다. 불만 사항이 누적되었다가 결정적 계기가 생기면 그만둔다. 신규 상담 온 어머니에게 이 말을 들었을 때 의아했다.

'학생이 결석했는데 연락을 안 하는 학원도 있네?'

우리 학원에선 있을 수 없는 일이다. 5분만 지각해도 연락한다.

보강을 해주지 않는다

"우리 개인 사정으로 빠지는 건 기간이 얼마가 되었든 보강 바라지 않아요. 우리가 놀러간 건데 왜 선생님이 고생하셔야 하나요. 우리 애가 빠져도 그 시간엔 수업하셨는데요. 그런데 학교

행사처럼 어쩔 수 없는 건 해주시는 게 맞는 거 같아요. 예전 학원은 그런 보충조차 한 번도 없었어요. 소풍, 수학여행, 운동회, 학예회는 빠지고 싶어서 빠지는 게 아닌데 많이 속상했어요."

우리 학원 학부모가 4년 전 신규 상담 때 한 말이다. 교양 있고 경우 바르고 남에게 피해 주는 걸 싫어한다. 객관적인 시각을 가진 분이다. 이런 성향의 학부모가 하는 말은 귀 기울인다. 개인 사유로 인한 습관적인 결석은 보강해 줄 이유가 없지만, 피치 못할 사정으로 인한 결석은 보강을 고려하는 것이 좋다.

시간표가 자주 바뀐다

한 번 신중하게 정한 시간표는 바꾸지 않는다. 바뀌게 되면 최소 한 분기 전에 미리 공지한다. 학생이 시간표를 자주 변경하면 좋아하는 학원이 없듯이 학부모도 마찬가지다.

느슨한 학습 피드백과 성적 관리

좋은 일은 빨리 알리고 싶지만, 그렇지 않은 소식은 차일피일 미루게 된다. 하루이틀 미루다 보면 한 달이 되고 몇 달이 그냥 흘

러버린다. 학생의 불량한 태도와 지속적인 학습 결손은 빨리 전달해야 하는데, 오히려 미루다 늦게 연락해서 학부모의 원성을 듣는다. 무조건 학원 탓하는 분도 있지만, 대체로 학부모는 안다. 성적이 안 오르는 원인이 어디에 있는지.

자녀의 학습 역량이 낮고 노력 부족이라는 것을 아는 부모는 결과가 기대 이하라도 쉽게 옮기지 않는다. 옮겨봐야 똑같거나 더 떨어지기 때문이다. 학원의 관심 부족이 계속된다면 퇴원을 생각한다.

선생님이 자주 바뀐다

자주 바뀌는 이유가 전적으로 선생님에게 있더라도 고객은 학원에 문제가 있다고 생각한다. 다녔던 운동 센터에 트레이너가 한 달에 한 번 꼴로 바뀌었다. 사장과 매니저에 대한 믿음이 컸지만, 뭐가 잘 안 돌아가나 싶어 의구심이 들었다. 나만 그런 건 아니었던지 탈의실에서 이런 대화를 들었다.

"트레이너 또 그만뒀나 봐."

"그니까. 사람 자꾸 바뀌는 거 그거 문제 있는 거다."

교 재	▷ 분기마다 메인 교재 2권(문법, 독해)과 보조 자료 200여 장 ▷ 교재 확인은 매일 하되, 월 2회는 전체 재점검 ▷ 1차 학생 → 2차 강사(강사들끼리 바꾸어 점검) → 3차 원장 또는 부원장이 최종 점검
수 업 기 준	▷ 복습 테스트 10분 → 단어 15분 → 문법 30분 → 독해 30분 → 듣기 20분
보 강 보 충	▷ 월 2회 정규 보충 수업 실시 ▷ 내신 대비 주말 보충 3회(1회 3시간) ▷ 무상으로 제공하는 보충수업에 대해서는 학부모에게 강하게 인식시키기
과 제	▷ 70퍼센트는 과제 매뉴얼, 30퍼센트는 개별 맞춤 ▷ 과제는 반드시 점검, 결과를 학부모에게 통보 - 과제를 했는데 검사를 안 하면 학습의욕이 저하 됨 - 과제 피드백 줄 때 잘한 것 3가지, 고칠 것 1가지 ▷ On-Line 과제의 경우 테스트를 1~2 차례 더 실시
평 가	▷ 매일 전 시간 복습 테스트(5~10분) ▷ 주 1회 단어 누적 테스트 ▷ 월 1회 전 영역 모의고사, 4주 분 단어 누적 테스트 ▷ 내신 대비는 시험일 4~6주 전부터

사무, 인사 시스템

교 육 비 수 납	▷ 매달 25일~말일 ▷ 일주일 전, 하루 전, 당일 문자 알림 ▷ 마감일까지 결제 확인 안 될 경우, 연락 ▷ 현금영수증 발행(평일 수납일 경우 당일 발행)
공 문 소 식 지	▷ 매월/분기/학기/연별 학원 운영 계획 발송 ▷ 분기(1년 4회)마다 학습태도+성적표+소식지 발행
특 강	▷ 여름, 겨울방학 무료/유료 특강 ▷ 내신 대비 특강
세 무	▷ 1월 사업장 현황 신고 ▷ 5월 종합 소득세 ▷ 학원 면허세 ▷ 1년에 1회 학원보험료 (1년마다 갱신) ▷ 매달 세무사 기장료 (5월 종소세 대행 수수료) ▷ 4대 보험, 원천징수
강 사 채 용 퇴 직	▷ 퇴사 두 달 전 통보 원칙 (최소 한 달 전) ▷ 인수인계 기간 - 최소 일주일, 최대 한 달 ▷ 수습 기간 - 평균 한 달

학부모 상담 3원칙

"선생님, 그동안 고생 많으셨죠. 제가 선생님이면 우리 아이 안 가르치고 싶었을 거예요. 뭘 알려줘도 제대로 하는 게 없으니 보람도 없지, 손은 많이 가지, 힘드실 게 눈에 보였어요. 제가 선생님이라면, 저는 똑똑한 아이만 가르치고 싶어요. 제 솔직한 마음입니다."

수시를 마친 학생의 학부모가 인사하러 들렀다. 작별해야 하는 순간엔 항상 후회가 된다. '평소 어머님과 상담이라도 한 번 더 할 걸.' 조용한 ADHD라고 추측되는 남학생이었다. 다른 학생을 방해하지는 않았다. 집중력이 현저히 떨어졌다. 책을 거꾸로 들고 있으면서 그런 사실조차 자각하지 못했다. 선생님이 지적

해야 바로 들었다. 해야 할 것을 알려주면 허둥대며 엉뚱하게 했다. 5쪽 문제 풀라면 7쪽을 풀었다. 직접 밑줄 그어주고 콕콕 찍어줘도 그 순간뿐이었다.

'힘든 아이를 맡겨 놓고 어떻게 아무 말씀이 없으시지.'

'본인 아이 직접 챙기지 않고 왜 학원에 맡기는 거야.'

상담하기 전에 이런 생각을 가졌다.

'내가 참 못난 생각을 했구나.'

'어머니가 이런 생각을 가지고 계신 줄 몰랐어.'

'너무 미안해서 어떤 말도 할 수가 없었던 거였어.'

'무관심한 게 아니었어.'

한 시간 반을 대화했다. 늦게라도 어머니의 마음을 알 수 있어 서운한 마음이 풀렸다. 상담을 하다 보면 오해가 풀리고 이해할 수 없던 것도 이해하게 된다.

학부모 상담 시 지키는 원칙은 다음과 같다.

/구분한다/

거리를 유지할 때는 문제가 없었는데 필요 이상 교류를 하면 껄끄러운 일이 벌어졌다. 은근 슬쩍 말을 놓고, 교육비를 늦게 주고, 차별화된 대우를 받고 싶어한다. 애매모호한 지인 관계로 얽

히더라도 학원 원칙대로 한다. 공과 사 확실히 구분한다. 그렇지 않으면 학습 태도나 교육비 문제로 요청드릴 것이 있어도 주저하게 된다. 소통은 학생과 관계된 것만 한다. 자녀 문제는 예민할 수밖에 없다. 감정과 사실을 구분해서, 사실 위주로 상담해야 오해를 줄일 수 있다.

/들어준다/

한 시간 상담하면 듣는 건 40분, 말하는 건 20분 정도다. 초보 원장일 때는 반대였다. 특히 신규 상담할 때 우리 학원 장점과 커리큘럼을 주저리주저리 늘어놓았다. 매일 오는 기회가 아니니 하나라도 알려주려 최선을 다했다. 프로그램을 A부터 Z까지 설명하지 않아도 된다. 궁금한 것은 학부모가 질문한다. 그것만 대답해 줘도 충분하다. 지금은 긴 설명 대신 자녀에 대해 질문하고 그 대답에 귀 기울인다. 학부모는 내 고민을 들어주고 공감해 주는 학원에 신뢰를 느낀다. 입을 닫고 귀를 열어 공감이 흐르도록 하자.

/거절한다/

수업 신규 개설, 시간표 변경, 보충, 교육비, 진도나 레벨 향상 등, 기존 커리큘럼에 없는 것을 요청할 때가 있다. 거절하면 마음이 불편해서 들어 주곤 했다. 학부모는 가벼운 마음으로 요구했는데 나는 필요 이상 진지하게 받아들였다. 거절하면 학부모와의 관계가 껄끄러워질 것 같았다. 그런데 오히려 그렇지 않았다. 내가 주체가 되어 학원에 맞춰 달라 말씀드리니 대부분의 학부모는 기꺼이 수용했다. 거절해도 되었고, 그랬어야 할 일에 불필요한 감정과 시간 낭비를 했던 셈이다. 원장이 중심이 되어야 한다. 그럴 때 학원은 한층 성장한다.

소통과 상담 채널	
학 원 전 용 핸 드 폰	문자와 카톡은 24시간 오픈, 답장은 근무 시간 내
학 습 결 과 지	분기별(1년에 총 4번) 학습 태도, 성적 결과 분석, 다음 분기 계획 등을 안내
간 담 회	연 1회, 커리큘럼 구축, 서비스 확대, 교육정보 전달 등을 위해 실시
설 문 지	1년 2회, 설문지 보내주시는 학부모에게는 커피 쿠폰 발송
사 진 전 송	초등부는 매달 1회, 중고등부는 분기마다 1회 전송
월 말 상 담 주 간	25일~말일, 학부모가 결제하러 왔을 때 편히 상담도 받고 갈 수 있도록 상담주간으로 정했다. 2020년부터 줌(Zoom) 상담을 병행하고 있다.

신규 상담 매뉴얼

"우리 애가 여기 다니면 학생 수 늘어서 좋잖아요?"

"이렇게 가르치는 거 별로예요."

첫 상담 때 기선제압하려는 학부모가 있었다.

"학생 수 신경 쓰지 않습니다. 우리 학원과 맞는 학생들만 다니면 됩니다."

"학원은 개인과외가 아닙니다. 커리큘럼이 생각하신 것과 다르면 다른 곳을 알아보시는 게 어떠세요."

돈을 지불하니 우위에 있다고 생각하는 학부모가 있다. 등록 후에도 끊임없이 특별대우를 받고 싶어 한다. 공동으로 이용하는 곳에서 본인 뜻대로 좌지우지하려는 학부모는 나도 달갑지 않다. 학부모와 학생이 학습의 필요성을 느껴 학원을 다니는 것이다. 학원이 교육비를 받는다 해서 '을'이 될 필요는 없다. '갑' 행세하는 학부모는 나에게 통하지 않는다. 학부모와 학원은 서로에게 필요한 것을 주고받는 동등한 관계이다.

학부모와 상담을 통해 학생 등록이 이루어지고 유지된다. 학부모 역할이 학원 경영에 큰 비중을 차지할 수밖에 없다. 원장 경력이 쌓이면 학부모 반응을 보고 문제를 일으킬지 아닐지 어느정도 구분하게 된다. 타인을 배려하고 규칙을 준수하는 분은 처음부터 끝까지 표정이 한결같거나 밝다. 자녀 학습에 관해 적극 질문하고 경청한다. 겸손하다. 그렇지 않은 학부모는 질문과 대답이 모두 불분명하다. 지나치게 자신감이 있거나 반대로 소극적이다.

다음은 신규 상담 시 지키는 기본 원칙들이다.

기다리지 않는다

'그때는 왜 그랬지?'
글을 쓰는 내내 과거에 했던 실수와 시행착오를 끄집어냈다.

자존감 떨어졌던 상황 중의 하나가 '노쇼'였다.

'조금만 더 기다리면 오겠지!'

'무슨 사정이 있을 거야.'

시계를 끊임없이 확인했다. 삼십 분이고 한 시간이고 기다렸다. 연락도 없이 약속을 어길 거라고 생각하질 못했다. 학생 한명이 귀하니 신규 상담 기회를 놓치고 싶지 않았다. 그땐 몰랐다. 연락 없이 안 나타나는 사람이 많다는 걸. 기다릴수록 자존감이 쭉쭉 내려갔다. 회의감은 쑥쑥 올라갔다. 전화나 문자 없이 10분 이상 늦을 때는 안 올 확률 90퍼센트 이상이다. 연락 없이 늦게 오는 학부모도 있었지만, 좋은 인연은 되지 못했다. 미련두지 말고 쿨하게 일어서자.

수업 시간에 상담하지 않는다

수업 시간에 상담했다가 유체이탈을 경험했다. 몸은 학부모와 마주 보고 있었다. 마음은 교실 안에 있었다. '아이들 지금 어떻게 하고 있을까? 교실 엉망된 거 아냐? 지금 숙제 내주고 보내야 하는데.' 수업 중 방문한 학부모를 그냥 보내기 어려워 학생을 방치하고 상담하면 신입생 등록시키려다 '있는 학생' 놓친다. 재학생 학부모가 방문해도 마찬가지다. 서서 5분만 상담한다는 것이 어느새 의자에 마주 보고 앉아 있었다. 상담은 온전히 몰입할 수 있는 시간에 해야 등록률이 높다.

공휴일, 주말에 상담하지 않는다

평일 상담 '노쇼'가 스트레스 지수 50이면, 주말과 공휴일엔 150이다. 출근하는 요일 외에는 상담과 레벨 테스트를 잡지 않는 것이 좋다. 부득이하게 그래야 한다면, 상담비나 레벨 테스트 비용을 받고 방문하면 돌려주는 것이 좋다. 휴일에 쉬지 못하고 나왔는데 그냥 돌아가면 몇 배로 허탈하다. 주말에는 상담비를 받는다고 했더니 평일에 된다고 하는 분이 많았다.

상담일정 안내 매뉴얼

어떤 장소에 가든 학원 시스템과 비교하는 습관이 있다. 업체는 달라도 대부분 공통된 절차가 있다.

학원 시스템과 가장 비슷하다고 생각하는 곳이 병원이다. 진료 예약을 하면 세 번 문자가 온다. 예약 확정 당일, 하루 이틀 전, 진료 당일. 신규 상담 예약을 할 때 나도 같은 방식으로 한다.

안내 문자 보낼 때 두 가지 사항은 꼭 전달한다. '못 오게 되면 미리 연락 달라는 것'과 '연락 없이 안 오면, 10분 후 자동 취소한다는 것'이다. 문자를 보내면 대부분 답장이 온다. 없을 경우에는 약속 시간 30분 또는 한 시간 전에 직접 전화를 걸어 확인한다. 답장 올 때까지 기다리지 않는다. 매뉴얼대로 하면 불필요한 감정 소모를 줄일 수 있다. '왜 답장이 없지?' '어떻게 이럴 수 있지?'라는 생각도 하지 않는다. 내 속만 쓰리다.

등록 후 상담 매뉴얼

첫 달은 세 차례 연락드린다. 첫 수업 당일(전화), 2주 차 시작(문자), 4주 차(문자). 둘째 달부터는 세 달에 한 번 학습 결과지를 보내드린다. 분기에 한 번이 가장 적정한 상담 주기였다. 의무로 무장한 잦은 전화 상담은 학부모도 바라지 않는다.

강사 교육 매뉴얼

'그냥 내가 하고 말지.'

내 업무를 도와줄 사람을 채용했는데 결과물을 보면 내 손길이 다시 가야 했다. 아예 처음부터 해야 할 때도 많았다. 문서 작성, 단어 시험, 채점 업무를 맡기려고 보조 강사를 채용했다. 단순 업무라 실수할 것도 없다고 생각했다. 일일이 참견하면 오히려 부담스러워할까 봐 처음에만 업무 지시를 하고 중간에 한 번물어보는 정도였다. 학생보다 더 엉터리로 채점했고 문서에는 오타 투성이었다.

'이게 뭐야! 돈 버리고 시간 버리고 스트레스 받고.'

강사와의 관계에서 가장 큰 실수가 체계적으로 교육을 하지 않았다는 것이다. 내 기준에서 상식 중의 상식이었다. 말 안 해도 당연히 알 줄 알았다. 큰 착각이었다. 학생에게 하듯 핀셋처럼 콕콕 찍어 반복해서 알려줘야 했다. 다음은 강사 태도에 관한 교육 매뉴얼이다.

◎ 수업 중 핸드폰 사용과 사적인 일 금지

기본 중의 기본인데도 컴플레인이 들어왔다. 눈에 보이면 손이 간다. 교실에 아예 가지고 들어갈 수 없도록 했다. 학생이 문제 풀 때 책을 읽고, 대학·대학원생일 경우 학교 과제하는 강사도 있었다. 내가 말하지 않아서 이 정도는 해도 되는 줄 알았다고 한다. 여러 명이 이런 답을 했다.

◎ 수업 정시에 마치기

종료시간까지 5분 미만 정도 남으면 그냥 마치는 강사가 있었다. 결석이 많아 학생이 한두 명만 남아 있을지라도 정원이 다 찬 것과 똑같이 수업하고 정시에 마쳐야 한다. 단 1분도 일찍 마치면 안 된다.

◎ 학생 비위 맞추지 말 것

'숙제 줄여 주세요.' '빨리 마쳐 주세요.' '간식 주세요.' 이런 얘기가 수업시간에 자주 나온다. 학생도 신입 강사에게 텃세를 부리려 한다. 쉬운 선생님이라는 인상을 주면 계속 반복한다. 초등 고학년만 되어도 선생님 머리 꼭대기에 앉으려 한다.

◎ 제3자에 대해 말하지 말 것

학생은 학교나 학원에서 있었던 일을 곧잘 이야기한다. 학생이 다른 사람을 흉보며 불만을 터트릴 때 곧이곧대로 믿거나 맞장구쳐서는 곤란하다. 상대에게 가서 그대로 전달한다. 이런 문제로 학교 측과 논쟁이 오간 적이 있었다.

◎ 공정한 태도로 대하기

초등학교 고학년 남학생 둘이 수업 중에 말다툼을 했다. 선생님이 그만하라고 해도 멈추지 않았고 순식간에 가벼운 몸싸움이 일어났다. 선생님이 한 아이를 더 야단쳤다. 그날 저녁에 그 학생 부모가 흥분한 채 찾아왔었다. 선생님을 무릎 끓게 할 기세였다.

◎ 모르는 것을 아는 체 하지 말 것

중고등부 상위권 학생들은 선생님의 실력을 눈치챈다. 어설프게 알려주면 역효과 난다. '정확히 알아보고 수업 시간에 알려 줄게' '수업마치고 문자나 전화로 알려 줄게'라고 말하는 편이 낫다.

◎ 쉬운 단어로 설명하기

컴퓨터 수리점에 갔었다. 사장은 알아듣지 못하는 전문용어를 마구 썼다. 입에 배서 어쩔 수 없이 나오는 것이 아니었다. 처음 오는 내게 '난 이 정도 전문지식은 있어요.'라고 애쓰는 모습이었다. 전문가일수록 쉽게 명료하게 전달한다.

'엄마, 선생님은 문법을 굉장히 쉽게 설명해 줘.'

이 말은 들은 어머니의 반응이 상상되는가? 학원 제대로 찾아왔구나! 안도했을 거다.

스펙보다 강한 청소의 힘

"잘되는 노하우 좀 알려 주세요."

"청소를 열심히 했습니다."

프랜차이즈 본사에서 우리 학원을 성공 모델로 소개했다. 난 교습소부터 시작했다. 6개월이 지나자 재원생 50명대, 대기 학생 20여 명이 되었다. 학원으로 확장 이전했다. 몇 달 지나지 않아 100명이 되었다. 창업 후 6개월까지는 증가 속도가 느리더니 한 번 흐름을 타니 한 명이 두 명, 두 명이 네 명, 네 명이 여덟 명이 되었다. 노하우를 궁금해 하는 분들이 자주 방문했다. 잘되는 비결이 뭐냐는 질문에 청소라고 말씀드렸다. 별거 없는 노하우라 실망하는 분이 있었지만 사실이다.

일찍 출근해서 바닥에 내 얼굴이 비치도록 쓸고 닦았다. 근사한 복도도, 휴게실도, 교실도, 값비싼 책걸상도 없었다. 내 작은 공간에 찾아오는 학생에게 미안했다. 대한민국에서 제일 멋진 공간을 제공할 수는 없었다. 하지만 최고로 깨끗한 학원은 내 의지로 가능했다. 학부모가 오며 가며 내가 청소하는 모습을 보았던 모양이다. 만나면 꼭 청소 이야기를 했다. 방문하는 분들 중 열에 아홉은 같은 질문을 했다.

"청소를 왜 그렇게 열심히 하세요?"

"신발 벗고 들어가나요?"

어떤 분은 묻지도 않고 바로 신발을 벗고 들어오기도 했다. 그 당시 프랜차이즈 지사장님이 이런 말씀을 하셨다.

"원장님은 외국에서 석박사하고 온 다른 원장님들보다 경영을 더 잘해요. 처음엔 의아했어요. 나이도 어리고 경력도 없어서. 그런데 작은 것도 이렇게 열정적으로 하는 걸 보니 왜 잘되는지 알겠어요. 스펙보다 청소가 힘이 세네요."

해리포터가 개봉했을 때였다.

"너네 해리포터 알지? 대걸레 타고 날아 다니잖아? 선생님도 그럴 거야!"

어떻게 날아 다니냐며 배꼽 잡던 학생들이 떠오른다. 그 녀석들, 이미 성인인데 내 눈엔 그저 이 빠진 꼬맹이다.

강점 있는 학원을 만들고 싶은가? 어렵고 복잡한 것에서 찾지 말고 기본부터 들여다보자. '청소의 힘'은 생각보다 강력하다.

청소는 학원의 첫인상이다

5년 전 일이다. 경기도에 학원을 하나 더 인수하러 한 곳을 방문했다. 학원 문을 여는 순간, 잘못 찾아온 줄 알았다. 열었던 문을 다시 닫았다. 간판을 확인했다. 00 영어전문학원. '맞는데?' 교재며 온갖 잡동사니가 복도 군데군데 그득 쌓여 있었다. 분리수거하러 내놓았나 했는데 교실도 마찬가지였다. 몇 년 쌓이고 쌓인 지저분함이었다.

원장의 구제할 수 없는 매너리즘이 한 눈에 보였다. 얘기를 마치고 나오려는데 학생들이 들어왔다. 지저분한 광경을 보고도 아무렇지도 않은 표정으로 교실로 들어갔다.

'학생도 고객인데 어떻게 이런 데서 공부를 시키지?'
'학원을 내놨으면 깨끗하게 보여야 하는 거 아니야?'
이상한 나라의 앨리스가 된 기분이 이런 걸까. 내 눈엔 한참이나 이상해서 표정 관리가 안 되는데, 그곳에서 만난 사람들은 대수롭지 않게 여기는 듯했다. 입지 조건, 보증금, 월세가 마음이 들어 방문했는데 고민도 하지 않고 돌아섰다.

매일 보는 사람은 자각하지 못해도 방문자는 금세 눈치 챈다. 다른 학원을 방문해 보면 느낌이 온다. '잘되는 곳이구나.' '정체기가 오래 되었구나!' 규모나 인테리어와는 상관없다. 청소만 잘 되어 있어도 학원을 처음 방문하는 학부모에게 높은 점수를 받을 수 있다.

제3장

마케팅도 전략이 필요하다

마케팅은 습관이다

학원장의 큰 고민거리 중 하나가 마케팅이다. 365일 머릿속에 자리잡고 있으면서 막상 실천하지 못하는 것도 마케팅이다. 영어 문법과 수학 문제를 풀다 막힐 때, 개념과 예문을 복습한다. 풀리지 않는 문제가 있을 때 본질을 재확인하면 머릿속에 등불이 켜지는 걸 경험하곤 한다. 마케팅의 사전적 정의와 유대인 일화를 통해 본질을 들여다보자.

《고려대 한국어대사전》에서 마케팅을 이렇게 정의한다. 고객에게 상품이나 서비스를 효율적으로 제공하기 위한 체계적인 경영 활동. 시장 조사, 상품화 계획, 선전, 판매 등의 활동이 여기에 속한다. 소비자에게 최대의 만족을 주고 생산자의 생산 목적을 가장 효율적으로 달성시키는 것을 목표로 한다.

《이솝우화》나 유대인 일화를 즐겨 읽는다. 쉽고 짧은 스토리지만 강한 인사이트를 얻는다. 자오모, 자오레이의 《인생에 한 번은 유대인처럼》에서 마케팅의 본질을 한 번에 깨달을 수 있는 일화를 만났다. 마케팅을 말할 때 빼놓지 않고 언급한다.

유대인 아빠와 아들이 낚시를 하고 있었다. 아빠는 큼직한 물고기를 척척 잡았다. 아들은 시간이 지나도록 한 마리도 못 잡았다. 아들이 아빠에게 물었다.

"아빠, 어떤 미끼를 쓴 거예요? 왜 물고기가 아빠 미끼만 무는 거예요?"

"지렁이로 만든 미끼를 줬지. 물고기는 지렁이를 가장 좋아하거든."

어린 아들의 얼굴은 찌푸려졌다. 아빠에게 다시 물었다.

"물고기는 초콜릿은 안 좋아해요? 물고기한테 정말 커다란 초콜릿을 줬거든요!"

"초콜릿은 네가 좋아하는 거잖아. 물고기는 초콜릿을 전혀 좋아 하지 않아. 어쩐지 한 마리도 못 잡는다 했더니 잘못된 미끼를 썼구나!"

초보 원장 시절에 학부모와 학생이 무엇을 원하는지 몰랐다. 제대로 알아보려고 하지 않았다. '이렇게 하면 될 거야. 좋아할 거야.'라고 확신했기 때문이다. 소년이 물고기도 초콜릿을 좋아할 거라고 생각했던 것처럼.

학부모와 학생은 학원의 존재 이유다. 학원에서 이루어지는 모든 업무는 한 가지 목표를 향해 있어야 한다. '학부모와 학생 만족시키기.' 나는 틀린 방법으로 열심히 했다. 부산에 가야 하는데 강원도로 과속 운전을 했다고나 할까. 그러면서 고객이 떠나가면 그들을 탓했다. 내가 좋아하는 초콜릿만 줬으면서. 다행히 요즘은 크기도 종류도 다양한 지렁이를 가지고 있다. 든든하다.

매일 만나는 학생에게 집중하니 그들이 원하는 것이 눈에 들어오기 시작했다. 일상에서 이벤트 아이디어를 얻고 바로 실행한다. 예상치 못한 선물을 주었을 때 학부모가 감동해서 입소문을 내주기도 한다. 두 사례를 소개해 본다.

영작 과제 읽는 걸 좋아한다. 모든 학생과 매일 소통할 수 없어서 영작 노트에다가 관심을 표시해준다.

모르고 지나쳤던 학생의 마음이나 사건을 알게 된다. 4년 다닌 여학생이 부모님 결혼기념일이라서 케익을 사드리고 싶은데 돈이 없다는 내용을 썼다. 근처 빵집에 전화해서 케익 좋은 걸로 준비해 달라고 했다. 아이도 성실하고 4년 동안 교육비 늦게 주신 적 없었던 분이라 감사를 표시하고 싶었다. 편지와 함께 케익을 보냈다.

"안녕하세요, 영작 과제를 확인하다 오늘이 결혼기념일이라는 걸 알게 되었습니다. 학원에서 너무 열심히 해서 선생님들 사랑 듬뿍 받고 있습니다. 내용이 기특해서 보내는 것입니다. 제가 드리는 건 아니고, 예진이가 드리는 거예요. 칭찬 많이 해주세요. 축하드립니다."

여학생들은 초등학교 고학년이 되면 초경을 시작한다. 어머니가 결석 전화나 문자로 알려 준다. 평생에 한 번 챙겨 줄 수 있는 일이라서 관련 용품과 함께 치킨 두 마리를 보냈다.

"아이 셋이라 학원을 많이 보내봤는데, 초경 선물 챙겨주는 곳은 없었어요. 너무 감동받았어요. 우리 애 아빠가 평생 보내라고 하네요."

마케팅을 목적으로 선물을 보내지 않았다. 학생에 대한 관심이 먼저였다. 그러니 원하는 게 보였고, 보이니 해주고 싶었다. 학부모는 내 아이가 학원에서 사랑받고 있다는 사실에 크게 감동했다. 우리 학원은 학생 아버지가 유난히 좋아하는 곳이다. 가족이 즐길 수 있을 만한 것을 선물로 보내서 그런 듯싶다. 우리 학생과 관련된 사람들이 함께 즐거워하는 모습을 보는 것은 큰 행복이다.

나는 마케팅도 습관이 되어야 한다고 생각한다. 평상시 하지 않던 것을 하려면 하기 싫다. 학원 일상에 녹여 놓으면 마케팅이라는 세 글자에 예민해지지 않아도 된다.

학생도 고객이다

"선생님, 우리 가르칠 때랑 엄마랑 전화할 때 목소리가 왜 이렇게 달라요?"

"어, 내가 그랬어? 난 똑같이 했는데."

"아니에요. 완전 달라요! 그런데 우리 엄마도 그래요. 혼내키다 선생님 전화 오면 갑자기 친절해져요."

"너희는 어린이고, 어머니는 어른이잖아. 당연히 달라야지. 안 그래?"

그렇다. 나는 이중인격자다. 학생과 학부모 대할 때 목소리 높낮이와 상냥함이 다르다. 학생도 고객인데 잊을 때가 있다. 학생들의 개성을 존중해 주며 학원 경영을 하고 싶었다. 천성이 자유분방한 나는 획일화된 교육 방식을 비판했다. '난 달라'하며 자신만만했다.

다르긴 뭐가 다른가.

20대 때와 달리 30대, 40대가 되니 생각이 바뀌었다. 학생의 개성은 수업에 방해가 될 뿐이며, 사람 많은 곳에선 획일화된 교육 방식이 최고다 라고 외치고 있는 걸….

학생은 고객이다. 시키는 대로 해야 하는 대상이 아니다. 학생을 야단칠 때 사실만 말하고 감정을 섞지 않아야 한다. 학생은 모든 걸 느낀다. 내가 정말 잘못해서 고쳐주려 야단치는지, 스트레스 받아 감정적으로 야단치는지를. 후자가 없었다고 말하긴 어렵다. 나도 학생을 야단치면서, 그 학생이 다른 학원에서 야단 맞으면 속상했다.

우리 상가 바로 옆에 수학 학원이 있었다. 선생님 목소리가 어찌나 쩌렁쩌렁한지 복도에 나가면 토씨 하나까지 선명하게 들렸다. 짜증 섞인 목소리도 거슬렸고 그 앞에 앉아 듣고 있을 학생을 생각하니 안쓰러웠다. 그러다 얼굴이 화끈거렸다. 나도 같은 말을 했었다.

"수십 번 말했는데 또 몰라?"

"넌 매일 왜 그러니? 제대로 안 할래!"

"문제 똑바로 읽으랬지!"

"또 핑계 댈래?"

"너 집에서도 이러니?"

"어디 가서 여기 다닌다고 말하지 마!"

이 말을 할 수밖에 없는 학생이었다고, 나도 웃으며 수업하고 싶었다고, 변명이라도 해야 할까.

내가 했던 말을 타인의 입을 통해 들으니 머리가 찌릿해졌다. 내 귀한 고객에게 자존감을 뚝뚝 떨어뜨리는 말을 했다. 이런 말 듣고도 다음 날 아무 일 없었다는 듯 웃으며 들어오는 학생을 생각하니 고맙고 부끄러웠다.

영어 과목이라 학생들의 생각을 들여다볼 때가 많다. 영작이나 회화, 독해 지문을 읽고 의견을 주고받다 보면 아이들의 생각과 학원 밖의 생활을 자연스레 알게 된다. 학생들에게 집, 학교, 학원에서 '듣기 좋은 말, 듣기 싫은 말'이 무엇인지, 어떤 학원이 좋은지, 싫은지 설문 조사한 적이 있다. 학생들의 불만 사항을 듣고 시스템에 반영하고 강사 교육 때 전달한다. 무엇보다 나부터 반성한다. 말과 행동이 다를 때가 많았다.

"조금이라도 모르는 거 있으면 질문해. 아무거나 괜찮아."

이래놓고 몇 분 지나지 않아 말한다.

"이거 몇 번이나 설명한 건데? 기억 안 나?"

용기 내어 질문한 학생에게 이런 반응을 보이면 다시 질문하고 싶지 않을 것이다. 선생님의 관심을 끌려고 억지 질문을 자꾸 하는 경우가 아니라면 질문하는 학생을 칭찬해 주자.

"그냥 외워!"

"시키는 거나 해!"

"다른 학생은 안 그러거든!"

일일이 이해시키려면 시간이 많이 걸리니 암기하라고 한다. 상냥하게 대하면 안 들을 것이 뻔하니 명령조로 말한다. 절대 해서는 안 되는 행동이 비교와 차별인데 감정이 앞선다. 태도가 불량한 것이 아니라 학습 역량이 부족해서 그런 것이라면 더더욱 조심해야 한다. 마음이 가는 학생이 있고 그렇지 않은 학생이 있다. 마음의 크기까지 자로 잰 듯 똑같이 재단할 수는 없지만 의식적으로라도 노력해야 한다. 학생을 만나기 전 우리 학원의 교육 철학을 되뇌어본다. '특별히 특별한 학생은 없다. 모두가 귀하고 동등하다.'

"선생님도 그런 말 한 적 없는지 반성하고 조심할게."

"엄마한테 더 심한 말도 많이 들어요."

"학원에서 혼나는 건 아무것도 아니에요."

"괜찮아요!"

"무서워도 원장 선생님이 젤 좋아요."

나를 철들게 하는 어린 고객이 있어 성장한다.

더 나은 어른이 된다.

이런 홍보 해봤어요

"어떤 홍보가 제일 효과 있을까요?"

시기가 잘 맞아떨어졌거나 운이 좋아 반짝 효과를 본 것은 있었다. 하지만 특별한 방법은 없었다. 아래에 소개하는 홍보를 균형 있게 꾸준히 했다. 시간이 누적되면서 효과가 커졌다. 학원 내에선 365일 습관처럼 했고, 외부 홍보는 분기에 한 번 규칙적으로 했다.

초창기 우리 학원의 존재를 알릴 때는 어떤 것이 효과 있을까 재거나 따지지 않았다. 그 상황에서 내가 할 수 있는 모든 것을 행동으로 옮겼다.

21년간 했던 홍보

신문 삽지, 아파트 우편함, 아파트 게시판, 현수막, 무료/할인/체험 수업, 친구 소개 이벤트, 은행, 엘리베이터 거울, 아파트 관리비 영수증, 길거리 홍보, 설명회, 맘카페, 블로그, 아파트 장날, 마을버스….

가장 효과적인 것은 전단지였다. 우리 지역 기준 2,000세대 아파트 게시판 1회 이용료는 5만 원(1주일), 우편함은 10만 원이다. 1년에 게시판은 3회, 우편함은 1회 홍보한다. 학원 운영 내내 1년 4회 습관처럼 했다. 초창기 몇 달, 입학식, 졸업식 등 특정 날에만 가뭄에 콩 나듯 하면서 전단지 효과 없다고 한다. 꾸준함은 복리 이자처럼 시간이 지날수록 그 효과를 발휘한다. 열매 맺기 전에 그만두니 그 맛을 모르는 것이다. 평상시 공부 하나도 안 하다가 시험 기간에만 벼락치기하면 실력이 탄탄히 쌓일 수 있을까. 학생에게 요구하는 것을 원장이 실천하면 된다. 그것이 홍보 성공 비결이다.

특정 홍보 방법이 '효과 있다, 없다'라고 말하는 것은 무의미하다. 같은 홍보라도, 어떤 지역, 누가, 어떻게, 언제, 얼마나 오래

했느냐가 더 중요하다. 같은 '교과서 평가 문제집'으로 공부해도 결과는 제각기인 것처럼. 마을버스 광고를 한다 하니, 지인 원장님들이 한결같이 말했다.

"그거 효과 없어요. 돈만 버려요."

"엄마들 마을버스 안 타고 다니잖아요. 차 가지고 다니죠."

우리 학원 지역은 지대가 높고 지하철역까지 도보 15분, 아파트 동에 따라 20분이 걸린다. 걷기엔 조금 멀 수도 있고 자차로 지하철역 주변 상가를 이용하기엔 주차가 성가실 수 있다.

학부모와 학생은 종종 마을버스를 이용한다. 나도 차 놔두고 마을버스를 이용했는데, 과거와 현재의 고객을 많이 만났다.

"마을버스 타니까 우리 학원 광고 보여서 좋았어요."

선생님과 재학생이 말했다.

"마을버스 타면서 늘 봤었어요. 직접 와 보고 싶었어요."

신규 상담 온 학부모가 말했다.

나는 만족했다. 다른 지역 학원에서 성공하거나 실패했던 홍보에 크게 흔들리지 않는다. 우리 지역, 우리 학원 특색은 내가 잘 안다. 물론 홍보 사기꾼에 걸리면 안 되겠지만!

홍보물 종류

가방(백팩, 크로스백, 보조가방/신발주머니), 종량제 봉투, 음식물 쓰레기봉투, 장바구니, 일회용 비닐팩, 일회용 비닐장갑, 생수, 사탕/초콜릿, 문구류(지우개, 볼펜, 포스트잇, 필통, 연필), 커피와 티백, 핫팩, 부채, 냉장고 자석, 여름 티셔츠, 투명 파일, 라면, 노트, 알림장

재원생 인기 품목은 가방류, 여름 티셔츠였다. 쫀쫀하고 품질 좋은 여름 티셔츠를 넉넉히 맞추어서 우리 학원에 다니지 않는 형제자매 회원에게도 선물했다. 장기 회원에게는 가족 수에 맞춰 보냈다. 내가 나눠준 티셔츠 입고 등원하는 학생을 보면 하루의 피로가 사라졌다. 내부 고객에게 정성을 다하니 외부 고객이 관심을 가지기 시작했다.

홍보물 중에 가장 신경을 쓰는 것은 가방이다. 가방은 홍보물이라기보다는 신규 등록 시 제공하는 선물이지만 홍보 효과가 상당히 좋다. 우리 학원 가방을 메고 다니는 학생은 걸어 다니는 홍보 대사다. 여러 학생이 같은 가방을 메고 다니면 눈길이 더 간다.

"민식이가 이 가방 갖고 싶어 했어요."

등록하는 결정적인 이유가 가방이 전부가 아니겠지만, 그 몫

을 톡톡히 했다.

외부 홍보물로는 종량제 봉투, 음식물 쓰레기 봉투, 얼린 생수가 효과 있었다. 일회용 비닐팩과 비닐장갑도 괜찮았다. 학생이 좋아하는 먹거리 홍보물은 학부모에게까지 제대로 전달되지 않는다. 학부모가 좋아할 만한 것으로 하는 것이 좋다.

홍보, 내 것에 집중하자

'다른 학원 방해할 시간에 본인들 학원이나 신경 쓰지!'

홍보를 하면 주변 학원의 방해가 심했다. 잘되면 잘될수록 그 수위가 높았다. 일일이 반응하지 않고 우리 학원에만 집중했다. 다른 학원이 어떻게 홍보하는지, 수업하는지 궁금하지 않았다. 그럴 시간에 커리큘럼을 연구했다. 학부모와 학생에게 어떤 서비스를 더 해 줄까 고민했다. 자기 공부는 안 하고 친구가 어떻게 하는지 참견하는 아이 중에 공부 잘하는 아이를 못 보았다. 집중력 좋은 아이가 공부를 잘하듯, 홍보도 자기 학원에 집중하는 곳이 잘된다.

벤치마킹을 그리 선호하진 않는다. 학원 고유의 색깔을 잃어버리는 것 같은 느낌이 들기 때문이다. '이런 데도 있구나! 이렇게도 하는구나!' 이 정도는 참고로 하지만 그 방식을 우리 학원에 접목시키려 애쓰진 않는다. 물론 벤치마킹이라는 것이 그대로 따라하는 것은 아니지만, 나는 왠지 그 학원의 모양새를 흉내내는 것 같아 내키지 않는다. 벤치마킹이 만능 열쇠는 아니다.

학원마다 상황이 다르고, 원장의 경험이나 교육 철학이 각양각색이다. 학생 수준, 학부모 성향, 지역 특색을 고려해야 한다. 전 세계를 통틀어 같은 학원도 같은 고객도 없다. 우수한 사례는 참고로 하되, 내 학원에 맞는 주관과 철학을 갖는 것이 현명한 운영 방법이라 생각한다.

예비 고객 만나는 날

학원을 알리는 효과적인 방법은 원장이 학부모를 직접 만나는 것이다. 살고 있는 아파트에 목요일마다 장이 선다. 모 학습지에서 매주 파라솔 홍보를 한다. 즉석에서 레벨 테스트나 상담을 하고 선물도 준다.

막 오픈했을 때가 생각난다. 학원 근처 아파트에 금요일마다 장이 섰다. 6개월간 그곳에서 미래의 고객을 만났다.

"선생님, 오늘 장 서는 날이에요."

"저녁에 바이킹 탈 거예요."

"장터에서 떡볶이 먹고 왔어요."

장날은 동네 축제였다. 낮에 다녀온 학생은 무용담 얘기하듯

했고, 저녁에 갈 아이는 들떠 있었다.

나도 장날 분위기에 빠져 즐기면서 홍보할 수 있었다. 오색
풍선과 팝콘을 나누어 주면 동네 주민들은 입이 귀에 걸려 받아
갔다.

"어디 학원이에요?"

"새로 오픈하셨어요?"

초등학교 1학년 학부모는 하교 시간에 교문 앞에서 자녀를 기
다리곤 했다. 어머님들끼리 삼삼오오 모여 일상 대화나 학원 정
보를 나누고 있었다.

"안녕하세요. J 상가에 새로 오픈한 영어학원입니다."

미소 장착한 얼굴로 준비해 간 홍보물을 건넸다.

동네 주민 대부분이 이용하는 대형 마트가 있었다. 점심 전후
또는 퇴근 무렵 한 시간만 홍보해도 수십 명에게 학원을 알릴 수
있었다. 대형 마트가 있는 상가 입구나 길목은 홍보하기 좋은 장
소다.

홍보물은 품질이 좋은 걸로 준비했다. 100원 짜리 볼펜 1,000
개보다 300원 짜리 볼펜 300개가 나을 거라 생각했다. 내가 쓰기
싫은 것은 남에게도 주지 않았다. 사탕 하나 초콜릿 하나라도 정

성스레 포장된 것을 받으면 주는 사람 마음이 느껴진다. 그 기분을 알기에 포장지, 리본 끈, 스티커 하나라도 깐깐하게 골랐다.

'이거 받으면 너 기분 좋을 거 같아?'

나 자신에게 묻고 또 물으며 오직 받는 사람만 생각했다.

지켜보고 있었다

오늘 뿌린 홍보 씨앗은 6개월, 1년 뒤에 열매를 맺는다. 씨앗이 땅속에 있을 땐 아무 일도 일어나지 않는 것처럼 보인다. 잊어버리고 있을 때 즈음 새싹이 돋아난다. 홍보도 당장 반응이 없는 것처럼 보이지만, 시간이라는 영양분을 먹고 자라고 있다. 아예 씨앗을 뿌리지 않는 게 문제지, 뿌린 건 거두게 되어 있다. 신규 상담 온 학부모에게 종종 듣는 말이 있다.

"원장님, 엄청 열정적이시네요! 아파트, 학교 앞, 마트에서 홍보하시는 거 봤어요."

"입학식 때 받은 노트, 집에 있어요."

"전단지도 보고, 게시판 광고도 봤어요. 다니는 학원이 있어서 그땐 못 옮겼어요."

아파트 게시판, 현수막, 학교 앞 홍보 등 내 발자취를 오래도록 지켜봤다고 했다. 들인 시간과 노력에 비해 결과가 미비해서 의기소침해 있을 때 예상치 못한 소개가 이루어졌다. 같은 상가 문방구, 미용실, 세탁소 사장님들부터 지역 주민들까지 눈여겨 보고 있었다. 학원을 다니고 있어 당장 옮길 이유가 없거나 때가 되지 않아 지켜보고 있을 뿐 시기가 되면 등록했다. 내가 뿌린 홍보물이 잠재 고객을 1센티미터씩 끌어당기고 있었다.

교육비 결제일을 항상 지키는 학부모와 들쑥날쑥하는 학부모. 과제를 늘 챙겨오는 학생과 하고 싶을 때만 하는 학생. 선생님으로서 누구에게 마음이 가는가? 홍보를 하다 말다 하는 학원과 주기적으로 꾸준히 하는 학원. 학부모 시선에서, 어느 학원이 더 신뢰가 갈까? 입장 바꿔 생각하면 답이 나온다.

이런 것도 마음을 움직이게 할 줄이야

15년 전 일이다. 그때를 떠올리면 아직도 미소가 지어진다. 시작은 마케팅과 거리가 멀었다. 결과는 고객의 마음을 사로잡았다. 초등 저학년 여학생들이 매니큐어를 바르거나 손톱 스티커를 붙이고 왔다. 나도 화장을 하지 않는 대신 손톱 관리에는 정성을 들였다. 형형색색의 매니큐어에 액세서리도 다양하게 붙였다. 꼬마 학생들은 내 손톱에 관심이 많았다.

"선생님, 손톱 만져 봐도 돼요?"

"오늘은 꽃모양이네요?"

"반짝이는 거 예뻐요!"

초등 2학년 아이가 분홍 매니큐어를 바르고 왔다. 모양새가 삐뚤빼뚤하니 예쁘지 않았다.

"해리야. 이거 네가 바른 거니? 선생님이 다시 발라 줄까?"

세차게 고개를 끄덕였다. 매니큐어랑 손톱 스티커가 학원에 있던 터라 학생들 없을 때 깔끔하게 단장시켜주었다. 그걸 시작으로 거의 모든 여학생에게 손톱 장식을 해주게 되었다. 물론 학부모에게 먼저 물어봤고, 흔쾌히 허락했다. 아이들은 서로 누구 스티커가 예쁜지 웃음꽃을 피웠다.

어느 여름 날, 저녁 8시가 다 될 무렵이었다. 해리가 출입문을 휙 열고 들어섰다. 개선장군마냥 의기양양했다. 뒤에는 또래 여자아이 다섯 명이 있었다.

"선생님, 얘네들도 손톱 발라주세요!"

"친... 친구들이니? 이 시간에 어떻게 온 거야?"

"자장면 먹으러 왔다가 학원 불 켜진 거 보고 들어 왔어요."

이웃사촌들끼리 학원 같은 층에 있는 중국집에 저녁 먹으러 왔다가 불이 켜진 것을 본 것이다. 해리가 학원에 들르고 싶다고 했고, 평소 손톱 자랑을 했던 터라 친구들도 따라나섰다.

"선생님이 마음대로 발라 줄 수 없어. 여쭤 봐야해."

"우리 여기 온 거 알아요. 괜찮아요. 갔다 오라고 했어요!"

올망졸망한 꼬마들과 깔깔대며 손톱꾸미기 놀이를 했다. 집에 가서 우리 학원에 다니고 싶다고 졸랐던 모양이다. 다섯 명 모두 등록했다. 내 아이에게 정성을 다한다고 느끼면 학부모는 믿고 맡긴다. 손톱을 예쁘게 다듬어서 행복하게 해 주고 싶었다. 그게 다였다. 영어와는 전혀 상관없었는데, 학생을 대하는 마음을 엿 본 것이다.

'이 학원은 영어도 그런 마음으로 가르치겠지!'

진심은 어떻게든 통한다.

단골 음식점에서 배우는 진심 마케팅

'나는 1~2만 원을 받고 이렇게 할 수 있을까?'

'20~30만 원 전후 교육비를 받는데, 나는 과연 최선을 다하고 있는 걸까?'

'이만하면 잘 하고 있지! 라고 자만하고 있는 건 아닌가?'

배달 음식을 주문할 때마다 사장님 정성에 반한다. 특별히 좋아하는 업체 두 곳이 있다. 한 곳은 디저트, 다른 한 곳은 한식 전문점이다. 모두 주 요리의 맛과 양이 만족스럽다. 서비스 음식도 정량만큼 준다. 손글씨, 손그림은 기본이다. 후기를 남기면 핸드폰 화면 한가득 답장이 올라온다. 그 정성과 수고로움을 생각하며 내 마음가짐도 점검해 본다. 배달과 상관없이 짬짬이 앱을 켜고 음식점 리뷰를 관찰하며 답글을 유심히 본다. 정성스레 달아 준 곳의 90퍼센트는 잘되는 곳이었다. 소비자 입장에서 이런 생각이 든다.

'고객과 소통하려 노력하는 사장이 음식에는 얼마나 정성을 기울일까.'

더 믿음이 가는 게 사실이다.

'다른 학원보다 교육비는 싸고 수업도 많이 해 주는데 뭘 어떻게 더 해?'

이런 못난 생각을 한 적이 있었다. 초심을 잃어버린 거다. 그때마다 배달앱을 켜고 단골 사장님이 손님을 대하는 태도를 배운다.

천하무적 마케팅 도구

"엄마, 여기 학원 맞아? 왜 이렇게 작아?"

창업하고 한 달 정도 지났을 무렵이었다. 학원 문을 들어서며 5학년 남학생이 신기한 듯 말했다. 어머니는 한술 더 떴다. 구석구석 훑어보았다.

"여기가 다예요?

"공부는 어디서 해요?"

"학생들은 몇 명이예요?"

"선생님 혼자 가르치세요?"

"결혼은 하셨어요?"

"대학은 어디 나오고 전공은 뭐예요?"

영어 유치원을 거쳐 대형 어학원만 다닌 학생이었다. 아이는 보이는 대로 내뱉을 수 있다. 하지만 어머니가 무시하듯 말하는 것은 바람직한 태도가 아니다. 하지만 이런 질문을 받았을 때 당황하거나 주눅 들지 않았다. 자존심이 아니라 자존감이 높았기 때문이다. 비록 내세울 것 없는 소박한 곳이었지만 누구보다 잘 가르칠 자신이 있었다. 또 다른 이유는? 이런 고객은 내가 원하지 않았다!

비슷한 일이 있을 때마다 다짐했다.

'다니고 싶어도 다니지 못 할 학원으로 만들 거야.'

첫 교습소에서 8개월 있었다. 연달아 세 번 확장 이전하며 200명 대 학생수를 유지했다.

통쾌했다!

학원의 본질로 승부를 걸어라

원장의 학벌, 경력 그리고 시설이 학원 성공 여부에 영향을 끼치는 요소일 수 있다. 그러나 절대적이지는 않다. 한 지역에 초소형 편의점, 중소형 마트, 대형 마트가 공존하듯 학원도 규모에 맞는 장점이 있다.

"애들 잘 가르칠 수 있을까?"

"원장 학벌이 어떻게 돼?"

"대학생 아냐? 어려 보이는데….."

학부모들 의심의 눈초리가 가득했다. 잘 가르친다는 입소문이 나자 학부모들 입이 쏙 들어갔다. 불쾌한 시선은 한 번에 사라졌다.

학원의 본질이 무엇인가? '가르치는 공간'이다. 학생 개개인의 수준과 학습 성향을 제대로 파악하고, 성장 발전시킬 수 있는 능력과 노하우를 가지고 있는가로 승부를 걸어야 한다. 내세울 만한 경력이 아니라고 위축될 필요 없다. 학부모가 궁극적으로 원하는 학원은 강한 확신을 주는 곳이다. 외부 조건이 먼저가 아니다.

소형 주니어 학원은 한정된 지역을 기반으로 운영한다. 단일 과목 학원(공부방, 교습소 포함)의 경우, 평균 오십 명 전후의 학생이 있다. 1인 경영, 또는 원장과 교사 한두 명이 교습하는 것이 일반적인 경영 방식이다.

이 규모에선 원장 영향력이 100퍼센트에 가깝다. 원장의 분위기가 학원의 운명을 좌우한다 해도 지나치지 않다. 홍보를 전혀 하지 않는데도 학생이 차고 넘치는 곳이 있다. 경영자 자체가 걸어 다니는 마케팅이었다. 원장 표정이 밝다. 자신감이 느껴진다. 잘되는 학원 공통점이다. 잘되니까 밝은 것이 아니라, 밝아서 잘되는 것이다. 긍정적인 태도가 최고의 마케팅 도구이다.

제4장

학원비 연체 천태만상과 해결법

미납으로 힘겨워하는 학원인이 없기를

교육비에 관한 불미스러운 에피소드만 책 몇 권 쓸 수 있다. 한 파트 전체를 이 주제로 할애하는 이유는 학부모 관계가 모두 포함되어 있어서다. 단순히 교육비만 의미하지 않는다. 하나를 보면 열을 안다고 결제 습관을 보면 학부모와 아이 성향까지 고스란히 드러난다. 강사 문제는 1인 학원장에게는 해당이 없고, 건물도 본인 상가라면 문제 없다. 학부모와 학생은 학원의 1순위 필수 고객이다.

보통의 사고를 가진 학부모는 교육비를 의도적으로 연체할 수 없다. 교육비를 못 낼 정도로 가정 경제가 어려우면 학원을 보내지 않거나 양해를 구해야 하는 것이 맞다. 그런데 연체로 대형 사고를 일으켰던 사람은 양해를 구한 적도 없었고 오히려 큰소리쳤다. 우리 학원은 서울 중상층 이상의 비교적 여유로운 지역이었는데도 습관적으로 며칠씩 늦게 내고 연체하는 학부모가 있었다. 지역색에 따라 연체 비율이 높은 곳도 있을 것이고, 좀처럼 해결되지 않은 곳도 있다. 이런 면에서 지역 선정도 중요하다. 한 사람의 습관도 바꾸기 어려운데 지역에 만연해 있는 특성이야 학원이 해결할 수 있는 것이 아니다.

창업 당시, 교육비 봉투에 돈을 넣어 전달하는 것이 흔한 방식이었다. 봉투에 날짜를 쓰고 도장을 찍어 납부 확인을 했다. 결제 시스템이 탄탄하지 못했다. 그때를 생각하면 피식 웃음이 난다.

'왜 봉투에 현금을 받았지?'

학생이 교육비 봉투를 가져오면 그 자리에서 돈을 세어 보기 그래서 수업 마친 후 확인했다. 1만 원씩 비어 있을 때가 있었다. 말하기도 불편해서 그냥 넘어갔다. 학부모가 제대로 넣었다고 하면 끝이다. 한 달 건너뛰었는데 다 냈다고 우기는 학부모도 있었다. 봉투가 바뀌면서 기록이 사라져 버리기도 했다. 옛날에는 이런 방식이라 미납이 있었다 치고, 지금은 어떤가. 카드 결제, 계좌 이체, 현금영수증, 온라인과 스마트폰 비대면 결제로 방식도 다양해지고 투명해졌다. 그런데도 여전히 미납으로 힘겨워하는 원장이 많다.

《학원 경영, 당신을 사게 하라》 출간 후, 전국에 계신 원장님들과 소통했다. 비대면 결제가 확대되고 있지만, 여전히 교육비 미납과 학부모 문제가 1순위 힘든 사항이었다. 교육비를 제날짜에 주고, 며칠 늦지만 큰 문제를 일으키지 않는 학부모가 훨씬 많다. 그러나 아홉 명이 잘 줘도 한 명이 대형 사고를 일으키면 원장은 정신적으로 큰 타격을 입는다. 이슬비는 백 번을 내려도 나무를 쓰러뜨리지 않지만, 태풍은 한 번만 와도 나무를 뿌리째 뽑는 것처럼. 나무만 뽑히면 괜찮다. 사람까지 다치게 하니 문제다.

교육비 연체가 내게는 과거지만, 누군가에게는 현재이고 미래일 수 있다. 자존감에 금이 가고 회의감에 허우적거렸던 기억을 꺼내는 것이 썩 유쾌하지 않았다. 그럼에도 쓰는 이유는 한 가지다. 학원에서 더 행복한 추억을 만들었으면 좋겠다. 많고 많은 학원 중에 우리 학원을 선택한 학부모와 학생에게 최선을 다하면서.

※이 파트를 포함해서, 책에 나오는 이름은 전부 가명이다.

우아한 그녀의 역겨운 뒷모습

중학생 남매가 있었다. 아버지는 고위 공무원, 어머니는 초등학교 교사였다. 겉모습에서 풍기는 이미지는 '우아하다'였다. 첫 상담 때 하늘하늘한 원피스를 입고 나긋나긋하게 말을 이어갔다. 6개월 교육비 240만 원을 연체했다. 셀 수 없이 문자를 보냈고, 전화를 했고, 통신문을 보냈다. 6개월간 단 한 번도 답장이 없었다. 정말 단 한 번도! 교육비 연체한 학부모는 많았지만 답장 한 번 정도는 보냈다. 유일하게 그녀만 묵묵부답이었다. 문자도 전화도 없었다. 잊을 수 없는 이유다.

카카오스토리에 책 읽는 것, 봉사 활동하는 것, 남매를 위해 요리하는 것, 운동하는 것, 공교육 교사로서 더없이 모범적인 모습을 수시로 올렸다. SNS에 비춰진 그녀는 대통령 표창장을 받아도 될 정도로 훌륭했다. 누구도 학원비 240만 원 연체했을 거라고는 상상할 수 없을 것이다. 첫 달부터 늦을 때 알아봤어야 했다. 아니, 짐작했다. 어느 정도 늦을 수 있겠구나! 그런데 이 정도일 줄 몰랐다. 집도 학원과 도보 5분 거리였다. 심지어 학원 상가에 있는 피부숍 단골 고객이었다. 같은 층이었다. 피부숍 원장이 귀띔했다.

"우리 가게 VVIP예요. 어제도 관리 받고 가셨어요."

'어제도 관리 받았다고? 그런데 우리 학원을 그냥 지나쳤어?'

피부숍 VVIP이든 아니든 그건 나랑 상관없었다. 어제도 왔다면서 같은 층에 있는 우리 학원을 들르지 않았다는 것이 괘씸했다. 학원에 불이 환하게 켜져 있을 때였다! 눈이 있으면 안 보려해도 안 볼 수 없었을 텐데! 속이 부글부글 끓다 못해 폭발할 지경이었다.

'줄 돈 안 주고 있는 사람이 어쩜 저렇게 여유롭고 행복한 표정을 짓지?'

'나는 밤잠 설치고 입술이 다 부르텄는데….'

억울했다. 억울해서 어떤 일도 할 수 없었다. 편히 잠들지 못했다. 재학생 어머니의 친동생이었다. 언니를 생각하니 차마 수업 중지하겠다는 말이 나오지 나왔다. 언니는 우리 학원에 열 명 이상 소개시켜줬다. 스승의 날과 명절마다 선물을 보내왔다. 어떤 대가를 바라지도, 생색내지도 않았다. 남에게 피해 주는 거 싫어했다. 교육비도 일주일씩 일찍 줬다. 나에 대한 믿음이 단단했다. 온마음으로 감사한 분이었다. 상황을 말하면 240만 원 받는 거 금세 해결했을 것이다. 대신 인연이 끊어질 게 불 보듯 뻔했다. 친동생이 돈 떼먹는 짓을 하고 있을 거라고는 상상도 못 하겠지.

재학생 학부모와의 관계로 이러지도 저러지도 못하니 스트레스가 극에 달했다. 일방적으로 통지하고 기다리는 수동적인 방법 말고 적극적인 방법을 쓸까 생각했다. 집에 찾아갈까, 근무하는 학교로 찾아가는 게 더 확실하겠지. 생각만으로도 사채업자가 되는 기분이었다. 남매가 다니는 수학학원도 우리와 마찬가지로 연체 상태였다. 원장과 친분이 있던 터라 나와 똑같은 상황이라는 걸 알고 있었다. 수학 학원 원장을 복도에서 만나면 교육비 냈는지 물어보는 게 인사였다.

어느 날, 카카오스토리를 보았다. 최근에 다녀온 여행 사진이 올라와 있었다. 그녀는 참 행복해 보였다.

'이게 뭐야. 잘못되어도 한참 잘못되었잖아.' 끊어버리기로 했다.

"마지막 문자입니다. 그동안 수십 차례 연락드렸습니다. 전화, 문자 단 한 번도 없으셨어요. 내일까지 결제 하지 않으시면 수업 중지합니다. 내일모레 학교로 찾아가 받겠습니다. 준비하세요. 카드 결제 원하시면 학원 방문하시기 바랍니다."

감정 1도 섞지 않고 보냈다. '준비 부탁드립니다.'라고 하지 않았다. '부탁', 그녀에겐 과분한 단어였다. '준비하세요.'로 충분했다.

집으로 찾아가는 건 죽기보다 싫었다. 우리 집과도 가까웠고 학생도 신경 쓰였다. 직장으로 가는 건 부담이 덜 되었다.

"오늘 퇴근길에 들러 결제할게요."

6개월간 단 한 번도 답장이 없었고 전화도 받지 않는데 바로 연락 왔다. 우아한 그녀, 다급하게 뛰어 들어왔다.

"240만 원, 몇 개월 해드릴까요?"

"일시불로 해주세요."

속이 후련했다. 왠지 모르게 서글프고 허탈했다. 좋아서 펄쩍 펄쩍 뛰어야 하는데….

'우리 엄마 아빠가 내가 이렇게 사는 걸 알면….'

눈물이 쏟아졌다. 퇴근하려다 다시 들어가 책상에 한참을 엎

드려 있었다. 6학년 말에 아빠 사업 부도로 가족과 헤어져 살았다. 아빠는 죄책감 때문인지 우리 앞에 나타나지 않으셨다. 내가 잘 살아야 부담을 덜고 나타나실 줄 알았다. 당당하게 잘 살고 싶었다. 어린 시절, 꽤나 유복하게 살았던 나, 현실은 돈이나 독촉하는 꼴이라니….

일 년에 한 번은 유럽 여행 가는 집안, 비싼 아파트에 살고, 고급 차를 끌고 다니고, 피부숍 VVIP에, 남들 부러워하는 직업을 가진 사람. 태어나서 40이 넘도록 고생은 안 해봤을 것 같은 사람.

부모 도움 없이 혼자 모든 걸 해결해야 했던 예전의 내 모습이 안쓰러웠을까. 적금 탄 듯 파티라도 했어야 할 그날, 잠 못 이루긴 마찬가지였다.

'이 사람 뭐지? 이렇게 결제할 거면서, 날 가지고 논거야?'

'난 그동안 뭘 한 거야….'

'왜 그렇게 잠 못 자며 힘들어했어….'

'수업 중지한다는 말을 왜 일찍 못했어….'

'찾아간다고 진즉 말하지 그랬어!'

독해지기로 했다. 내 자존감을 위해서. 어디선가 날 지켜보고 계실 부모님을 위해서. 내가 이런 사람 때문에 잠 못 잘 이유는 없었다. 처음엔 인정하기 싫었다. 교육비 연체에 대한 책임이 나에게도 있다는 것을.

'안 준 사람이 나쁜 거지, 내가 무슨 잘못이야. 난 피해자인데…!'

'돈 얘기는 누구라도 싫은 거잖아.'

'교육비 못 받은 것도 속상해 죽겠는데 자책까지 해야 돼?'

그녀는 행패를 부리거나 전화로 소리를 지르지도 않았다. 끝까지 우아했다. 그러나 남들이 모르는 뒷모습은 역겨웠다. 그 후로도 SNS에 근사한 커피숍에서 책 읽는 거, 앞치마를 두르고 요리하는 거(남매는 엄마가 요리 전혀 안 한다고 했다), 환한 미소로 자기 담임 반 아이들과 함께하는 모습을 올리고 있었다.

정 주고 뺨 맞고

학원 경영 전반 10년간, 형편이 어려운 학생에게 50~100퍼센트 교육비를 감면해 주었다. 좋은 뜻으로 시작했으나 끝이 좋았던 적은 열에 서너 번이었다. 지금은 형제 할인을 제외하고는 어떤 할인도 없다.

부모 이혼으로 할머니와 아버지와 함께 사는 초등 3학년 여학생이 있었다. 할머니가 어려운 가정 형편을 말했다. 1년간 50퍼센트 감면해 주기로 했다. 교육비를 할인받고 있는 다른 학생의 어머니에게서 듣고 온 듯했다. 할인받는 학부모에게는 비밀 유지를 부탁했으나 역시나 지켜지지 않았다. 처음부터 교육비를 제날짜에 준 적 없었다. 후납이 이어지고 한 달 건너뛰었는데, 냈다고 우기더니 연체로 이어졌다.

"내가 안 줄까 봐 그래?"

전화하면 화를 내고 일방적으로 끊었다. 반말은 기본이었다. 현지는 보살핌을 받지 못해 시간 상관없이 자기 오고 싶을 때 왔다. 2, 3시에 와야 할 아이가 놀다가 초등부 선생님 퇴근할 시간에 왔다. 특별한 이유 없이 오기 싫으면 오지 않았다.

"왜 수업 빠진 거 보충 다 안 해줘?"

"할머니, 시간 지켜 보내주세요. 그러면 보충해 드릴게요."

교육비 밀린 것에 대해서는 한마디도 하지 않고 결석에 대한 보충을 100퍼센트 안 해준다며 항의했다. 좋은 소문을 듣고 등록했는데 듣던 것과 다르다며 실망을 드러냈다. 몇 차례 이런 일이 있었고, 할머니와 통화할 때마다 벽하고 대화하는 기분이었다. 현지는 지각이 잦고 과제를 해오지 않았지만 방글방글 웃으며 인사를 잘했고 애교도 많았다. 학원 다니는 걸 좋아했다. 엄마가 챙겨주지 않는데 스스로 과제하는 아이가 있을까? 엄마 손길이 닿지 않아 긴 머리는 늘 헝클어져 있었다. 할머니를 생각하면 우울한 상태가 지속되었다.

매일 밤 독해지기로 다짐했다.

'더 이상 참지 말자.'

'정에 끌려 다닐 필요 없어.'

다음 날 현지가 해맑게 웃으며 종알종알 거렸다. 손에 뭔가를 쥐고 배시시 웃었다.

"원장 선생님, 이거 미술 시간에 만든 거예요. 선물이예요."

나 주려고 만들었다며 종이꽃을 내밀었다. 늘 배고파서 원장실에 따로 불러 먹였다. 머리도 빗어주고 머리방울을 사서 묶어줬다. 준비물을 안 챙겨오면 사줬다. 아이는 내가 이렇게 해 준 게 좋았을까. 그래서 만들어 온 건가.

'내가 무슨 몹쓸 생각을 한 거야. 애가 무슨 잘못이라고 그만 다니게 해.'

'그래 받을 생각하지 말자. 장학금 준다고 생각하자.'

어젯밤 다짐은 온데간데 사라졌고 마음을 비웠다. 할머니는 교육비를 주지 않아도 현지를 챙기니까 그걸 이용했다. 교육비 안 내고 다니는 걸로 만족하지 않았다. 보충 수업을 끊임없이 요구했다. 볼일이 있어 현지를 맡길 데가 없으면 무턱대고 학원에 보냈다. 연락도 없이 저녁에 데리러 왔다.

'어차피 학원 늦게까지 열려 있잖아. 책 읽으라고 해.'

나이 많은 거, 우기는 데 쓰라고 있는 건가.

현지는 어려도 내가 준 것이 고마워 손편지를 쓰고 종이꽃을 만들어줬다. 할머니는 하나를 공짜로 주니 왜 세 개 안 주냐고 소리 질렀다. 질렸다. 견딜 수 없었던 건 '내가 나쁜 사람처럼 느껴지는 거.' 할머니의 그칠지 모르는 욕심에 현지가 더 이상 예뻐 보이지 않았다. 지옥이 따로 없었다.

교육비는 받지 않아도 좋았다. 소리 지르고 반말하는 건 참을 수 없었다. 말이 통하지 않아 현지 아버지에게 전화했다. 받지 않았다. '일부러 안 받는구나!' 문자를 보냈다. 그동안 있었던 일을 남겼다. 한 달간 아무 답장 없었다. 한 가지 달라진 게 있었다. 현지가 학원에 나오지 않았다. 문자를 자꾸 보내니 다니지 말라고 한 듯싶다.

할머니는 이런 얘기를 하고 다닌 모양이다. 내 귀에까지 들렸다.
'새파랗게 젊은 원장이 돈만 밝혀.'
'좋은 소문 듣고 등록했는데 다 거짓말이야.'
돈을 너무 밝히지 않고 정이 많아 문제였다. '그래, 돈을 밝혀야 했어. 그리고 진즉에 거절했어야 했어.' 엄마 없던 아이. 헝크러진 머리 빗어주니 천사처럼 웃고 좋아하던 아이. 선생님이 제일 좋다며 손편지 써주던 아이. 눈에 밟혔다. 몹쓸 사람이 된 거 같아 괴로웠다.

'현지야! 잘 지내니? 이제 스물두 살이지. 머리방울 가지고 있니? 선생님은 네 편지 가지고 있어.'

유사한 사례가 있었다. 할인해주고 욕먹고, 스트레스 받고, 소문 좋지 않게 나고, 다른 학생들과 형평성 문제도 떠안아야 한다. 지인을 통한 입회나 형편이 어려운 경우, 교육비 할인으로 고민하는 원장이 많다. 할인, 진심으로 권하고 싶지 않다. 해주고 싶다면, 그 기준(할인 기간, 금액, 대상 범위)이 투명해야 한다. 정에 이끌려 학원 원칙에 벗어난 것을 해주면 관계가 틀어졌다. 시스템대로 하니 갈등이 줄어들고 오래도록 좋은 관계를 유지했다. 좋은 사례도 있었지만 그렇지 못한 쪽이 더 많았다.

학원비 은근슬쩍 떼먹기의 달인

교육비 날짜를 월말(25일~말일)로 통일하는 것이 미납 관리하기 편하다. 6월 10일에 등록하면 남은 20일분만큼 수업료를 받고 6월 말일에 7월 한 달 교육비를 받아 날짜를 맞춘다.

"다른 학원 결제일이 5일이니까 그때 같이 할게요."

"월급날이 10일이라서 10일에 드릴게요."

"카드 결제일에 맞춰 납부할게요."

결제일 관련해서 위와 같은 요구가 있을 수 있는데, 처음부터 선을 그어야 한다. 학생 수가 몇 명 되지 않을 때는 그 정도는 배려해 줄 수 있겠다 싶다. 학생이 늘어나면 각기 다른 결제일을 일일이 챙기기 어렵다. 한 달 내내 교육비에 신경을 써야 해서 비효율적이다.

"A 엄마한테 들었는데요. 월급날 맞춰 내도 되나요?"

"B 엄마는 2만 원 할인받았대요."

"C 엄마는 교재 무료로 받았더라고요."

학원은 동네 기반으로 운영되고 서로 연결되어 있다. 한 명 알면 다 알게 된다. 배려가 나중에 원망으로 되돌아온다.

이마트, 홈플러스, 백화점에 가서 물건 값을 깎지 않는다. 물건을 고르고 당연하게 계산대 앞에 줄을 선다. 대형 학원에선 말한 마디 못하면서 작은 곳에선 '갑' 행세를 하려는 사람이 있다. 교양 있는 학부모는 학원 규모에 상관없이 내 아이를 가르쳐 주는 사람에 대한 예의를 갖췄다. 원장과 강사가 나이가 많거나 적거나, 학원이 크거나 작거나 일관되게 행동했다.

자녀 교육비, 이렇게까지 아끼고 싶은가?

교육비 날짜가 제각각이었을 때 이런 일이 있었다. 설마설마 계획적으로 날짜를 미루리라고는 생각하지 못했다. 초등학교 4학년, 1학년 자매가 등록했다.

"남편 월급날이 10일이에요. 그때 계좌 이체할게요."

"네, 알겠습니다."

1일에 첫 수업을 시작했는데 10일에 받기로 했던 거다. 첫 달은 약속대로 10일에 이체했다. 두 번째 달부터 5~10일씩 은근슬쩍 매달 늦게 줬다. 6월 10일 첫 결제, 7월 15일 두 번째 결제, 8월 22일 세 번째 결제, 9월 말일 네 번째 결제. 네 번째 결제는 완벽히 후납인 셈인데 10월달 선결제라 우겼다. 9월 말일에 9월과 10월 교육비 두 달 치를 줘야 하는데 펄쩍펄쩍 뛰었다. 계좌 내역에 없다고 해도 한 번은 아이 편에 보냈다고 우겼다. 학생에게 물어봤다. 기억날 리 없었다.

어머니가 날짜를 착각하고 있는 거라 생각했다. 한 달 교육비가 공중으로 사라졌지만 학부모와 껄끄러운 관계로 있을 수 없으니 넘어 갔다. 나중에 알았지만, 날짜를 착각한 게 아니라 처음부터 고의로 그랬던 거다. 자매가 다니는 미술 학원 원장이 같은 일을 겪었다. 듣자 하니 수법이 똑같았다. 세상에는 내가 이해할 수 없는 다양한 사람이 존재한다고 하지만… '아이 교육비를 그렇게까지 아끼고 싶을까?'

한 달 떼먹고 그다음은? 두 달 분 밀릴 때 한 달 분 내고, 세 달 분 밀릴 때 한 달 분 내고, 이런 식으로 몇 달 치씩 미납을 깔고 한 달 씩만 주었다.

한 번은 교육비에서 2만 원 적게 들어왔다. 1회 초등부 수업 60분이었고 1회 만 원 정도였다.

"2만 원이 적게 들어왔습니다. 확인 부탁드려요."

"맞게 보냈어요. 두 아이 하루 결석한 거 뺐어요. 보충 안 해요."

어머니 태도가 너무 당당해서 말문이 막혔다. 여행으로 금요일 하루 결석했는데 마음대로 교육비를 빼고 이체했다. 그것도 후납으로 낸 거면서. '주는 대로 받아' 이런 태도였다. 외식을 하루가 멀다 하고 했다. 여행도 보통 가족들보다 자주 다녔다. 교육비 2만 원, 그리 아까운가!

"어머니, 하루 결석했다고 교육비 적게 내도 되는 원칙은 없습니다. 보충 받고 싶지 않으면 안 받으셔도 되지만, 교육비는 정상 입금 하시는 게 맞습니다."

다음 날부터 말도 없이 나오지 않았다. 교육비 납부하라고 연락했다.

"거기서 실력 하나도 안 늘었어요. 내가 돌려받아야 해요."

내 귀가 잘못 되었나 싶었다. 이 엄마의 교육비 떼먹기 신종 수법에 당했다. 계획대로 그만둘 게 예정되어 있었다. 첫 등록 때부터 머릿속에 그려진 '학원비 떼먹기 로드맵'이었다. 수학 학원에서도 미술 학원에서도 똑같이 행동하며 몇 달 치 미납했다. 그리고선 다른 학원으로 옮겨 같은 짓을 했다. 첫 달에 제때 줬는데, 이 역시도 계획적인 게 아니었나 싶다. 원장을 일단 안심시키려는.

이런 류의 사람들, 교육비를 떼먹어도 원장이 골치 아파 결국 포기한다는 것까지 계산해서 몹쓸 짓을 반복한다. 정 때문에, 개인 사정 봐주느라, 동네 장사니까. 학원 사업의 맹점이다. 누차 강조하지만 교육비 받고 수업 시작하고, 하루라도 늦으면 기다리지 말아야 한다. 실천하지 않으면, 뒷감당은 원장 몫이다.

습관 그리고 또 습관

"바빠서요."

"내일 낼게요."

"깜빡하고 아이 편에 못 보냈어요."

"식탁 위에 올려놨는데, 애가 카드를 안 가지고 갔어요."

"카드가 하나뿐인데 이번 주에 제가 써야 돼요."

"큰애가 자기 학원 결제한다고 가져갔어요."

10년 넘게 매달 들었다. 학부모랑 싸울 수도 없고 기분 나쁘다고 내색할 수도 없고 이렇게 말하는 게 최선이었다.

"내일 꼭 보내주세요."

"네, 이번에는 알겠습니다. 다음부터는 제날짜에 부탁드립니다."

매달 그렇게 카드를 깜빡깜빡하면 개인 알람을 수시로 설정해 두면 된다. 이체하면 1분도 안 걸린다. "어머니, 편하게 계좌이체하세요."

"카드 할인 받아야 해서요."

"포인트 쌓으려구요."

"아빠 카드 쓰려구요."

학생한테 '어머니가 주는 카드 까먹지 말고 잘 챙겨 와.' 그러면 엄마가 카드 준 적 없다고 한다. 어머니는 아이한테 항상 제날짜에 줬는데 아이가 잊어버린다고 한다. 참, 셜록 홈즈가 될 판이다.

'거짓말 하는 사람, 도대체 누구인가?'

내 사전에 없는 단어들

"내일" "나중에" "다음에" "부탁드립니다."

교육비 납부에 미래 시제를 쓰지 않는다. 오늘이 결제 마지막 날이면 "오늘 납부해 주세요."라고만 한다. 부탁도 하지 않는다. 교육비는 부탁해서 받아야 하는 것이 아니라 고객의 의무다. 마트 직원이 고객에게 일일이 '계산 부탁드립니다.'라고 말하지 않는다. 상품 구입하기 전 '당연히' 지불해야 하는 거니까.

"퇴근 시간이 늦어 못 들릴 것 같아요. 내일 드릴게요."

"어머니, 결제 마지막 날에는 늦게까지 있어요. 자정에 오셔도 됩니다. 오시기 불편하시면 계좌번호 안내해 드릴게요."

한 번 못 박아두면 대부분의 학부모는 늦지 않는다. 이 말을 똑부러지게 하기까지 10년이 넘게 걸렸다. 예전에는 "(마지못해) 네, 그러세요."라고 했다.

거절도 연습해야 된다는 걸 혼자 속 끓이고 나서야 알았다. 그냥 되는 것은 없었다. 상황을 그리고 반복 연습했다. 거절하는 거, 내 의견 말하는 거 모두 연습했다. 이래야 했던 걸 상대방이 알아서 줄 때까지 마냥 기다렸던 거다. 다음 날로 미루면 줄 때까지 계속 신경 쓰고 있어야 한다. 다음 날 주면 그나마 괜찮은데 또 안 내면 또 기다려야 하고 그야말로 생활이 뒤죽박죽이 된다. 끌려다니는 삶이 된다.

학원장은 이구동성 말한다. 교육비 늦게 내는 건 습관이라고. 습관, 강적이다. 미납률 0퍼센트, 결제일 내 결제 100퍼센트 만들기까지 수년 걸렸다. 문제 일으키는 학부모와 학생이 그만두면 어떻게 참 신기하게도 그와 똑같은 부류 또는 더 심한 학부모가 등록했다. 질량 보존의 법칙이 교육비 미납에도 적용될 줄이야.
퇴원하면 또 등록하고, 되풀이됐다.

'저 학원은 관리 무섭게 철저해!'

온동네에 소문이 날 정도로 세게 해야 했다. 그랬더니 몰지각
한 사람이 오지 않았다. 시행착오를 겪으며 원칙을 견고히 했다.
미납 관리에 쏟는 에너지가 줄어들었다. 이 학원은 늦으면 안 된
다는 것을 확실히 각인시켰다. 처음부터 그런 생각조차 못하도
록 해야 한다. 학생 한 명 있을 때 바꾸기 쉬운가? 백 명 있을 때
가 쉬운가?

"결제 기간에 항상 듣는 말이 있습니다. '바빠서 깜빡했어요.'
개개인의 사정을 들으면 전부 봐 드리고 싶고 이해 못할 것도 없
습니다. 하지만 학원은 다수의 학생이 이용하는 곳입니다. 한 명
봐주면 다 봐줘야 합니다! 교육비 수납에 신경 쓰느라 정작 수업에
소홀하게 됩니다. 제날짜에 챙겨주시는 분도 한가하지 않으십니
다. 똑같이 바쁘시거나 오히려 더 바쁘신 분도 많으십니다. 교육비
납부 잘 해 주시는 학부모님들께 죄송한 마음이 큽니다. 그래서 다
음 달부터 결제일 내에 납부해 주시는 학부모님의 자녀만 지도하
기로 어려운 결정을 내렸습니다. 이것이 저희 학원을 믿고 맡겨 주
시는 학부모님들에게 최선을 다하는 길입니다."

실제 보낸 문자 내용이다. 권리를 주장하기 전에 내 의무를

다했음은 물론이다. 항상 교육비 날짜 지켜주는 학부모에게 무한한 신뢰를 얻었다. 습관적으로 늦게 내던 학부모도 태도가 바뀌었다. 스트레스가 줄어드니, 학생에게 더 몰입할 수 있었고 학원은 성장했다. 내가 원하는 학부모와 학생으로 채워졌다.

박카스 한 병과 맞바꾼 300만 원

카카오톡으로 선물 주고받는 것이 일상이 되었다. 자주 받는 선물 중의 하나가 박카스다. 13년 전, 남매가 생각난다. 오빠 현수는 고등학교 3학년이었고, 여동생 혜경이는 중학교 2학년이었다.

"선생님, 이거 드세요. 부모님이 학원비 안 주셔서 죄송해요. 제가 일해서 갚을 게요."

내 눈도 못 마주치고 박카스 한 병을 내밀었다. 현수에게 말한 적이 없는데 어떻게 알았을까. 직접 가르친 것도 아니었으니 눈치를 줄 일도 없었다. 연체 전에는 계좌로 보내주거나 어머니가 직접 와서 결제했다. 남매는 교육비에 대해 몰랐다. 담당 선생님은 학생이 교육비를 냈는지 안 냈는지 모른다. 부모가 대화하는 것을 들었거나 내가 전화했을 때 집에 있었던 듯싶다.

영어는 의사소통이 기본인 과목이다. 자연스레 학생 가정 형편을 알게 된다. 영작 과제로, 학생들끼리 주고받는 대화로, 토론 시간에 짐작한다. 학생에게 먼저 주소와 부모 직업이 무엇인지 물어보지 않는다. 현수 아버지는 일이 일정하지 않았고, 어머니가 직장에 다녔다. 교육비를 밀리기 시작하면서 어머니로부터 문자가 왔다.

"늦더라도 꼭 드릴게요. 안 드리는 일은 없습니다. 아이들은 교육비 늦는 거 몰랐으면 좋겠습니다."

경우 바르고 자존심 센 어머니였다. 남매는 성실했고 늦게 내긴 했지만 두 달 이상 연체로 이어지진 않았다. 늦는 것에 대해 먼저 양해를 구했다. 힘들지만, 공부시키려는 마음이 느껴져서 전혀 불편하지 않았다. 형편도 좋은데 아이만 무턱대고 보내고 문자에 답장도 안 하고 전화도 안 받는 부모와는 달랐으니까.

돈이 사람 마음까지, 이성까지, 흐려놓은 걸까.

연체가 세 달 네 달 이어졌지만 아무 연락이 없었다. 늦어질 땐 미안하다며 양해를 구했고 언제 납부한다는 말이 있었는데 그마저도 없었다. '일부러 안 주시는 건 아닐 거야.' 기다렸다. 오

랜만에 아이들 성적 상담할 겸 연락했다. 미안해하며 전화 받을
거란 예상은 빗나갔다.

"1년 넘게 다녔는데 아이들 성적이 늘 제자리네요."
"..........................."

적잖이 놀랐다. 잘못 들었나 싶었다. 제자리라니. 현수는 영어
5등급이었는데 3등급이 되었고, 혜경이는 60점대에서 90점까지
올려놨다. 교육비도 못 받은 채 시험 때마다 한 달 넘게 쉬지도
않고 보충해 줬다. '고맙습니다.' 대신 '성적이 왜 이렇죠?'를 듣게
될 줄 상상조차 못 했다. 두 아이 모두 큰 말썽 없이 조용조용했
다. 공부 욕심이 크진 않았지만 선생님이 시키는 건 착실히 했다.
아이들 실력이 계속 오르니 보람도 있었다.
'못 받을 수도 있겠구나.'
'마음 비우고 편히 가르치자.'
'현수는 고등학교 3학년이잖아.'
'혜경이 중학교 2학년이니, 돈 없어서 학원 못 다니면 상처 받
을 거야.'

어머니의 냉랭한 목소리를 듣고 제일 먼저 머리에 스친 건 하
나였다.

'내가 호구였어.'

꼬리에 꼬리를 무는 생각이 나를 괴롭혔다.

'배려해 줬더니 이런 식으로 갚아?'

'처음엔 미안해하더니…, 생활고에 사라져버렸나.'

'고 3인 아들 걱정에 다른 건 눈에 보이지도 않나.'

수능 마치고 결국 7개월 미납인 채로 그만두었다.

"돈 생기면 알아서 줄 테니까 먼저 연락하지 마세요. 신경 쓰이네요."

내가 무슨 말을 하기도 전에 전화를 끊어버렸다.

끝이었다. 며칠 후 현수가 박카스 한 병을 들고 왔다. 평소 말수가 없었고 선생님에게 먼저 말을 건네지 않았던 아이였다. 잘못은 부모가 했는데 사과는 아이가 했다. 현수가 내민 음료수 한 병이 아니었다면, 한동안 제정신으로 살지 못했을 거다. 수능이 끝나자, 볼일 다 봤다는 듯이 나를 사채업자 취급했던 그 사람 때문에.

신뢰가 쌓인 학부모가 경제 문제로 그만둔다고 하면, 일정 기간 받지 않겠다고 말씀드렸다. 대부분의 학부모는 미안해서 그렇게는 못 다닌다며 그만두었다. 문제집 사서 집에서 가르치겠다고 했다. 연체 사유 중 돈이 없어서 연체하는 비율은 5퍼센트

미만이었다. 있는데 안 내는 집은 독촉해도 마음이 아프지는 않은데 형편이 어려워 못 내는 집은 마음이 미로 같았다. 부모 행동은 괜찮은데 학생이 예쁘면 더 그랬다. 차라리 아이 인성도 부모를 닮았다면 속 시원히 그만두게 할 텐데 그러지도 못한다. 모든 미납은 신경 써서 관리해야 하지만 형제자매 회원, 그중에서도 중고등부 형제자매 회원 미납은 특히 더 주의를 기울여야 한다. 두 달만 밀려도 백만 원이 넘는다. 초등학생 한 명 6개월 교육비와 비슷하다.

학원비 미납 - 저 좀 도와주세요

"원장님 엄청 무섭다고 해서 엄마 또래 나이인 줄 알았어요."
"아이들을 어쩜 그렇게 잘 휘어잡으세요."

학생 대상, 수업은 철두철미했는데 학부모 대상, 돈 관리는 말랑말랑했다. 급속도록 늘어나는 학생 수에 수업 준비가 바쁘다 보니 교육비 수납 시스템을 제대로 갖추지 못했다. 원칙도 없었고 결제일 안내하고 줄 때까지 기다리는 게 전부였다. 내가 약속 날짜를 칼같이 지키니까 남들도 그런 줄 알았다. 자녀 교육 문제니 더 신경 쓸 줄 알았다. 나보다 열 살에서 스무 살 많은 학부모에게 돈 달라는 말이 나오지 않았던 것도 이유였다.

몸 바쳐 가르치면서 왜 당당히 달라는 말을 못했을까?

교육비를 제날짜에 주는 비율이 50퍼센트, 많아야 70퍼센트였다. 결제일 지나서, 일주일 내 결제 비율 70퍼센트, 일주일에서 말일 사이 20퍼센트, 나머지 10퍼센트는 한 달 이상 넘어 갔다.

습관적으로 늦게 주고 연체하는 학부모의 공통된 특징이 첫 수업부터 늦게 준다는 것이었다. 신입 상담할 때 교육비를 먼저 챙기거나 첫 수업 전에 정확히 납부하는 학부모는 등록기간 내내 제날짜에 주었다. 정말 깜빡하고 늦게 주면 민망해하며 당일에 바로 결제했다. 늘 늦게 주는 사람은 '내일 준다 내일 준다' 하면서 계속 뻔뻔하게 미뤘다. 어쩌다 한 번 늦게 내는 학부모가 오히려 사과를 했다.

수납 관리를 적극적으로 하니 제날짜에 들어오는 비율이 점점 높아져 교육비 날짜에 100퍼센트 결제한다. 정말 100퍼센트다. 그래서 알았다.

'그동안 내가 누울 자리를 제공한 거였어.'

'사람 봐 가면서 늦게 주는 거였어!'

'우리 학원은 좀 늦게 내도 괜찮은 곳이었던 거야.'

나를 만만히 봤고, 우선순위에서 밀려 있었다.

학부모가 이렇게 생각하게 만들었던 건 바로 나다. 늦게 내려고 작정한 악질 학부모를 제외하고는 내 태도에 따라 충분히 해결할 수 있었다.

첫 등록 시 안내를 명확히 하자

첫 등록 시, 운영 방침을 문자 형태로 구체적으로 안내해야 한다. 학원에서 공지하지 않아 학부모가 컴플레인을 하는 거라면 학원에도 책임 있다. 신입생 학부모가 교육비 납부 문자를 세 번이나 보냈다며 불만을 표시했다. 본인은 문자 안 보내도 알아서 낸다고 한다. 학원비 안내 문자를 일주일 전에 한 번, 하루 이틀 전에 한 번, 당일에 한 번 보낸다. 상담 시 말로 안내해 드렸으나 문서에는 적혀 있지 않았다. 그래서 추가했다. '개인 알람 설정을 해 두셔서, 문자 받기를 원하지 않으시면 미리 말씀해 주세요.' 납부 문자를 받을 때 반응은 대체로 다음과 같을 것이다.

'잊어버리고 있었는데 보내주니 좋다.'

'성가시게 왜 자꾸 보내는 거야! 마지막 날 알아서 보낼 텐데!'

'교육비 제때 안 주는 사람이 많나 보다.'

학원을 여러 군데 보내기 때문에 대부분의 학부모들은 안내 문자 오는 것을 당연하게 생각한다. 90퍼센트가 당연시해도 10퍼센트가 불만을 표시하면 사전 안내하는 것이 좋다. 등록 후 몇

달이 지나면 납부 형태가 보인다. 꼼꼼하고 자녀 교육에 관심이
많은 분은 개인적으로 알람 설정을 해 둔다. 몇 년을 다녀도 늦지
않는다. 이런 분에겐 최초 한 번만 보낸다.

※ **결제일** : 매월 25일~말일까지, 다음 달 교육비 선납(개강
   일 : 매월 말 또는 매월 초)
- **카드 결제** : 말일이 주말/휴일일 경우, 그 앞 평일까지(휴
   일 뒤에 결제 시 미리 연락달라고 요청)
- **계좌 이체** : 매월 말일까지, 5일 내 100퍼센트 현금영수증
   발급

※ **결제 안내 시 보내는 문자 내용**
- 마지막 날까지 결제도 연락도 없으시면, 등록 의사 없으신
   것으로 알고 출석부에서 명단 제외합니다.
- 교육비 납부 안내 문자는 25일, 마감일 하루 전, 마감일 당
   일에 총 세 번 보내드립니다.
- 이미 납부하신 경우에는 보내지 않으나 약간의 시간차로
   납부 확인이 늦으면 전송될 수 있습니다.
- 개인 알람 설정을 해 두셔서, 문자 받기를 원하지 않으시
   면 미리 말씀해 주세요.
- 원활한 운영과 수업 준비에 최선을 다할 수 있도록 납부기
   간 내에 등록/퇴원 의사 표시해 주세요.

교육비 받고 첫 수업 시작하자

제일 중요하다. 결제 후 수업 시작한다고 상담 시 설명을 해도 잊어버리고, 안내문에 자세히 적혀 있어도 읽지 않는다. 등원 하루 전날에도 안내문자 보낸다. 다음 날 학생은 왔는데 결제는 하지 않았다. 예전에는 그냥 공부 시켰으나 지금은 수업 시작하기 전 바로 전화한다. 기다리기 싫어서 문자하지 않는다.

"안녕하세요, 어머니. 지민이 방금 등원했습니다. 이체 확인이 되지 않았습니다. 교육비 카드, 지민이 편에 보내셨을까요?"

"죄송해요. 원장님. 깜빡 했어요. 내일 보내도 될까요?"

"말씀드린 대로 결제 후 수업 시작이 원칙입니다. 지금 계좌 이체 먼저 해주시고 내일 카드 보내시면, 이체한 거 보내드리겠습니다."

내 답변을 보면 뭐 그렇게까지 할 필요 있나 생각하는 사람도 있을 것이다. '내일 보낼게요. 나중에 들를게요. 저녁에 이체할게요.' 이 말에 참 많이도 속았다. 단호하게 안 된다고 말했을 때 대부분 학부모는 바로 이체하거나 양해를 구하고 그날 결제했다. 그리고 그 후, 늦지 않았다. 코로나 이후, 비대면 결제가 활성화되어 있으니 카카오톡으로 링크 보내주면 학부모 입장에서도 편리할 것이다. 예외를 두지 말고, 이 부분만은 꼭 원칙대로 하자.
결제 후 수업! 특히 첫 수업! 처음이 중요하다.

171

납부 마감일까지 결제 없을 시 즉시 안내

교육비 달라는 말처럼 꺼내기 어려운 말도 없다. 당연히 받아
야 하는 것인데도 그렇다. 머릿속에 오만가지 생각이 스쳐지나
간다. 정서상 제날짜에 내지 않더라도 며칠 정도는 기다린다. 이
왕 말해야 하는 것이라면 하루 이상 기다리지 말자. 시간을 끄는
만큼 삶의 질도 떨어지고 일에 대한 의욕도 사라진다.

그렇게 허비하며 자존감을 떨어뜨렸던 시간, 되돌리고 싶다.

"결제 마지막 날 납부하지 않으시면, 당일 저녁에 연락드립
니다. 명확히 알아야 대기 학생에게 연락할 수 있고 다음 달 수업
계획을 세울 수 있습니다. 깜박 잊고 안 하신 건지, 등록의사가
없으신 건지 전화로 여쭤보겠습니다."

학생이 가져온 카드 잘 챙기기

학생에게 교육비 얘기를 꺼내지 않았다. 교육비 봉투나 카드를

가져왔는지 물어보지 않았다. 아이가 스스로 꺼내기만 기다렸다.

'카드 안 가지고 왔는데 물어보면 아이가 당황하겠지?'

학생에게 교육비 가져왔냐고 물었다가 학부모 컴플레인을 받은 적도 있었다. 가방이나 옷 주머니에 가지고 있으면서 내지 않는 학생이 많다. 알아서 낼 거라 기대하지 말고 먼저 챙기자. 학부모가 컴플레인했던 내용을 기록했다가 미리미리 문자를 보내서 오해를 없앴다. '이런 이유로 이렇게 한다.'는 것을 명시했다.

'결제 마지막 날에 카드 가져왔는지 학생에게 물어봅니다. 가져왔는데 그냥 가는 아이들이 많습니다. 학부모님들께서 더 잘 아실 겁니다. 나갔다 결제하러 되돌아오는 아이, 어머니가 다시 오는 경우, 할 수 없이 계좌로 보내는 어머니. 등원했을 때 5초만 확인하면 서로 번거롭지 않습니다. 이런 이유로 아이들에게 확인합니다. 결제 기간 동안은 게시판에도 교실 칠판에도 학생들이 볼 수 있게끔 안내합니다. 자녀에게 물어 보는 것이 불편하신 분들께서는 미리 연락주십시오.'

비대면 결제 활성화

"원장님, 제로페이랑 지역화폐 결제 되나요?"

"QR 코드 받아서 하니까 너무 편해요."

"카카오톡으로 수납 링크 보내주셔서 좋아요."

코로나 여파로 결제 방식이 다양해졌다. 학부모에게 유리한 결제 방식이 있으면 적극 도입해왔다. '결제 관련해서 불편하신 점이나 가맹해줬으면 하는 것이 있으면 말씀해주세요.' 신용카드 중에서 학원비 할인 혜택이 좋은 게 어떤 건지, 학원에서 해줘야 할 것이 무엇인지 설문조사를 주기적으로 해왔다.

우리 학원은 수년 전부터 등록기간 내 결제율이 100프로다. 비대면 결제를 도입했다고 수납률이 높아질 일은 없다. 계좌 이체하던 학부모가 카드 결제로 바꿨다는 변화 정도다. 학부모에게 선택의 폭을 넓혀주고 조금이라도 편리한 방법을 안내하는데 의미를 둔다. 비대면 방식을 도입하면 90프로 이상의 학부모가 선택할 줄 알았는데 의외로 그렇지 않았다. 여전히 30프로는 아이 편에 카드를 보내거나 직접 방문한다. 기존 것이 익숙하니 더 편한 방법을 알려드려도 사용하지 않는 분도 있다. 필요성을 못 느끼거나 새로운 것을 시도하려면 처음엔 불편하기 때문이다. 학원도 마찬가지다. 같은 이유로 아직 도입하지 않는 곳도 있다.

주위 학원을 보면, 스마트폰 기반 결제가 수납률을 높이는데 크고 작은 역할을 하고 있다. 적어도 깜빡 잊고 아이 편에 카드를 못 보내거나 학원에 방문을 못 해서 늦게 내는 일은 없을 테니까. 이것만 해결되어도 한층 가벼운 마음으로 학원 경영을 할 수 있다. 다만, 결제할 마음이 없는 학부모에게는 '손 안의 결제 시스템'도 무용지물이다. 카카오톡으로 수납 링크 보내줬는데 결제일이 지나도록 하지 않으면 더 신경 쓰일 수 있다. 결제 방식이 어떻든 간에, 미납은 원장의 똑부러진 대처만이 최상의 해결책이다.

원장의 교육비 마인드는 이렇게

문제에 대한 답은 내 안에 있다고 한다. 교육비 연체에 대한 답도 내 안에 있었다. 한편으로 억울했다. 상대방이 안 주는 건데 내가 왜? 밥 먹고 돈 안 내는 진상 손님이 문제지 정성 들여 밥상 차려준 식당 주인이 문제야? 이런 걸 따져봐야 소용 없었다. 속은 속대로 상하고 결과는 똑같고 개선되는 것이 없었다. 내 시간을 쓸데없는 고민으로 단 1분도 허비하고 싶지 않았다. 마인드를 바꾸기로 했다. 바꾸고 나니 알았다.

'처음이 어려웠던 거구나.'

교육비 달라는 말을 당당히 못 해서 10년을 끙끙 앓았는데, 막상 용기 내어 해보니 별거 아니었다. 따라오는 효과는 기대 이상이었다. 시작이 어려웠지, 하고 나니 쉽더라.

초등학교 3학년 때 주산 학원에서 물놀이를 갔다. 튜브를 타고 놀다가 가장 깊은 곳까지 들어갔다. 노는 데 정신이 팔려 깊은 곳인지 몰랐고 학원 선생님과 친구들이 안 보인다는 사실도 몰랐다. 무슨 생각이었는지… 왜 그랬는지… 튜브를 벗었다. 그대로 물속에 푸욱 잠겼다. 비명 지르며 허우적거렸고 어른들이 다가왔다. 초등 3학년 때 생긴 물 공포증은 20대 후반까지 지속되었다. 수영을 배우려 여러 차례 시도했지만, 물에만 들어가려 하면 몸이 떨리고 오한이 들었다. 무시무시했던 물 공포증을 극복할 수 있었던 건 수영 코치 덕분이었다. 공포증을 이해해 주었고, 손을 잡고 내 보폭에 맞춰 걸어가 주었다.

"제가 손잡고 있으니까 절대 물에 빠지지 않아요."

"배영을 할 땐 이런 기분이 들 거예요. 당연한 거니까 걱정하지 마세요."

혼자 물 위에 떴던 순간이 생생하다. 경험하지 못했던 세상이었다. 그렇게 되기까지 지루한 발차기도 숱하게 했고 물도 원없이 마셨다. 결과는 황홀했다. 물을 무서워했는데 물을 가지고 놀게 되었다.

개인 레슨 마지막 날 코치가 이런 말을 해줬다.

"놀라운 거 하나 알려줄까요? 저도 물 공포증이 있었어요. 그래서 회원님 마음 누구보다 잘 알 수 있었어요. 나보다 훨씬 잘

했어요."

교육비 미납이든 어떤 문제든 막상 행동으로 부딪혀보면 걱정했던 것보다 별거 아니라는 걸 안다.

20대의 나처럼, 교육비 미납 문제로 힘들어하는 학원인이 있다면 같이 울어 주고 싶다. 그 힘든 마음 아니까. 수영 코치가 그랬던 것처럼, 내 경험을 솔직히 나누며 친절하고 믿음직한 안내자가 되어 주고 싶다. 나보다 더 잘 할 수 있다.

당장 버려야 할 교육비 마인드

버려야 할 다섯 가지 교육비 마인드를 소개한다. 내 모습이었다. 다른 건 능동적이고 이성적인데 교육비에 관해선 수동적이었고 감성적이었다. 날 위해 변하기로 했다. '계속 같은 행동을 되풀이 하면서 다른 결과를 기대하는 것은 정신병 초기 증세다.' 아인슈타인이 남긴 말이다. 다르게 행동했다. 기대한 결과가 찾아왔다.

하나, 교육비 안내 문자 보냈으니 알아서 보내주겠지.

문자 받고 제날짜에 알아서 척척 내주는 학부모는 50~70퍼센트였다. 나머지는 수업 준비하는 것만큼 신경 써서 적극적으로 관리해야 한다. 내가 내 것을 안 챙기면 남이 알아서 챙겨주지 않는다. 부동산 관련 책에서 이런 문장을 읽었다. "월세 받는 것도 일하듯 해야 해요. 하나의 직업이에요." 월세 안 내는 세입자와 미납 학부모의 행태가 싱크로율 100퍼센트였다. 교육비로 학원이 운영되고 생계가 달려 있는데, 나는 그 업무를 내가 주체가 되어 경영하지 않고 남이 주기만을 기다렸던 것이다. 첫 번째 내 실수였다.

둘, 정 때문에, 학생이 상처받을까 봐

가장 힘들었다. 학생은 잘못이 없는데 수업을 중단해야 하니 이만저만 고역이 아니었다. 부모가 속을 썩이는데 해당 학생을 예뻐하기도 어려웠다. 교육비에 학생을 연관시키니 답이 나오지 않았다. 이성적으로 냉정하게 생각했다. 학생이 상처받을 걸 걱정해야 하는 것은 부모 몫이다. 미납 학생에게 신경 쓰느라 힘들어도 제날짜에 맞춰주는 학부모 자녀를 소홀히 하는 게 싫었다. 원장의 몫은 정당한 교육비를 내고 공부하고자 찾아오는 학부모와 학생에게 최선을 다하는 것이다. 이것만 생각하면 된다.

셋, 교육비 달라고 하면 기분 나빠 하지 않을까?

못 받은 사람이 안 준 사람 걱정할 필요 없다. 내 걱정과 달리 그들은 잘 지내고 있었다. 내가 스트레스로 잠 못 잘 때, 위염에 시달려 죽도 겨우 먹을 때, 그들은 잘 자고 여행 다니고 고기 먹으러 다녔다. 할 거 다 했다. 습관적으로, 원장 성격 봐 가며 늦게 주는 거였다. 지금 생각하면 오지랖도 참 넓었지 싶다. 못 받은 건 나였는데 왜 안 주고 있는 상대방 기분을 그리 살폈을까. 어휴…, 그렇게 낭비했던 내 시간 되돌리고 싶다.

넷, 돈 밝힌다고 욕하면 어쩌지?

사업하는 사람은 돈 밝혀야 하고 돈 좋아해야 한다. 돈을 밝히지 않고 정이 많아 탈이었다. 노력하지 않고 남의 것을 탐내는 의미로 '밝히는 것'은 나쁘지만 내가 받을 것에 눈과 돈을 밝히는 건 당연한 권리다.

다섯, 학생에겐 교육비 얘기하면 안 돼

학생에게 돈 얘기를 하지 않아야 된다고 생각했다. 친한 원장님이 학생에게 교육비 내일 가져오라고 말하는 것을 듣고 놀랐다.

"원장님, 학생에게 교육비 얘기하면 엄마들이 싫어하지 않아요?"

"그게 싫으면, 날짜 지켜서 내면 되죠. 왜 엄마가 안 챙겨서 아이한테 그런 말 듣게 해요."

그땐 '이래도 되나?' 갸우뚱했다. 이제는 이해한다. 결제일이 지나 참다 참다 물어보는 게 '어머니가 교육비 봉투 주셨니? 카드 주셨니?' 정도였다.

가방에 며칠이나 넣고 다녔는지 봉투가 구깃구깃 해진 채로 있기도 했다. '아! 일찍 물어 볼 걸.' 학생이 교육비나 결제 카드를 전달하니 물어보는 것, 당연하다.

제5장

원장의 자기 경영 백과

원장의 자기 경영이 학원 경영을 좌우한다

"너나 잘 하세요."

2005년에 개봉한 영화 〈친절한 금자씨〉의 주인공 대사다. 여주인공의 무표정하고 창백한 얼굴이 클로즈업되면서, 시니컬하게 뱉는 이 말이 꽤나 유행했다. 비꼬는 말투가 마음에 들진 않지만 나에게 가끔씩 던져본다. 강사가 실수하면 지적을 하고, 학생이 잘못하면 야단을 친다. 내가 잘못하면…? 상대방 강점에는 두 눈을 크게 뜨고, 약점에는 실눈을 떠야 하는데 반대로 했다.

'그러지 말아야지….'

늘 다짐하지만, 마음에 들지 않는 순간을 만나면 잔소리라는 복병이 터져 나왔다. 강사도 학생도 고객인데 때론 그 사실을 잊었다. 그러고 나서 혼자 있을 때 반성문 3종 세트를 소환했다.

'너나 잘 하세요.'

'너는 그렇게 완벽해?'

'자기 관리도 못하면서 누구한테 지적질이야!'

자기 경영(自己 經營)의 사전적 의미는 자신의 더 나은 미래를 위하여 기초를 닦고 계획을 세워 어떤 일을 해 나가는 것을 뜻한다(네이버 국어사전). 내가 내린 자기 경영의 뜻은 간단하다.

'나나 잘하자.'

자기 경영을 시작하면서 반성문 3종 세트는 불러올 일이 거의 없었다. 고객은 만족해했고 학원은 난공불락 요새가 되었다. 일 관련해서 나를 아는 모든 사람에게 들었다. "자기 관리가 철저하시네요." 인정한다. 그런 편이다. 〈악마는 프라다를 입는다〉에 나오는 편집장 미란다랑 비슷하다. 아니다. 이 사람보단 인정머리 있다. 감추고 있을 뿐.

학원 창업부터 자기 관리가 철저했던 것은 아니다. 마시멜로처럼 말랑말랑했다. 누가 찔러도 저항 없이 푹푹 찔렸다. 좋은 게 좋은 거라고 웬만해선 양보했다. 갈등이 싫었다. '내가 좀 참지 뭐.' 핫초코에 녹아 없어지는 마시멜로같이 그렇게 자아를, 자존감을 잃어갔다.

차돌처럼 단단해졌다. 찔려도 찔리지 않게 되었고 그렇게 하려는 사람도 사라졌다. 바늘을 쥐고 바위를 찌르려는 사람은 없으니까(뭐, 가끔 있긴 있었다. 정신과 치료가 필요하거나 이미 받았던 사람들). 고객과 원활히 지내고, 진상 고객 보는 눈을 기르고, 학원 업무를 프로답게 처리하려고 자기 경영을 시작했다. 원장은 수업·경영·인사·세무 등 다방면의 업무를 해낸다.

1인 학원 원장은 혼자 모든 것을 해야 한다. 업무를 분담하는 원장도 직원이 제대로 하는지 관리를 해야 한다. 직접 하든 지시만 하든 관련 지식을 알아야 한다. 2019년 하반기부터 2021년 상반기까지 실천했던 자기 경영의 기록을 크게 다섯 가지로 나누어 소개한다. 나은 미래를 위해 기초를 닦고, 계획을 세우고, 목표를 향해 한 걸음씩 떼고 있다.

마음 경영 : 자존감과 회복 탄력성을 위하여

"학원만큼 보람 있는 일이 없어요. 계속 할 거예요."

"학원처럼 힘든 일도 없어요. 접을래요."

천성과 적성을 고려해서 전공과 취업을 선택한다. 학원을 창업할 때도 나에게 맞는 일인지가 가장 중요하다. 그러려면 나에 대해 알아야 하는데 가장 잘 모르는 것이 '나'라는 존재다.

'나는 누구지?'

2019년 하반기 첫 책을 쓰려고 계획을 세우려 할 즈음, 이 물음이 나를 괴롭혔다. 책 한 권에는 작가의 인생이 담겨 있다고 하는데, 내가 누군지 말할 수 없었다. 책 쓰기에 대한 정보를 검색하다가 성인 대상 대안대학교인 '테헤란로대'를 알게 되었다. 강좌 중 하나가 MBTI와 '마음 경영'이었다.

첫 수업 주제는 '나는 나를 얼마나 알까?'였다. 과거부터 현재까지의 나를 탐색했다. 강점·약점 찾기, 과거의 굴레에서 벗어나기, 타인과의 관계에서 상처받지 않기, 상황별 대처 방법을 배웠다. 잃어버렸던 나를 찾고, 갈등이 있었던 사람들을 이해하게 된 값진 시간이었다.

2020년 가을 무렵, 〈스낵으로 보는 내 성격 SPTI〉라는 앱이 유행했다. SPTI는 Snack과 MBTI의 합성어로 스낵팟(snackpot)에서 만든 성격 테스트다. 3분만 투자하면 내 성격을 알 수 있다. 재미삼아 해봤지만 싱크로율 100퍼센트였다. 웃고 넘기기에는 한 문장 한 문장 모두 나를 묘사하는 글이었다. 앱에서 알려준 특징을 그대로 옮겨본다.

강렬하고 맑은 보드카 : 투명하지만 깊고 맑지만 강해요

1. 직관력과 통찰력이 높아 알게 모르게 주변 사람들에게 강한 영향을 줘요. 그러면서도 눈치가 빨라서 남들의 상황을 파악하고 잘 맞춰주는 성향을 가지고 있어요. 누가 거짓말을 하고 있는지도 빠르게 간파할 수 있어요. 마피아 게임하면 내가 1등이에요.

2. 완벽주의자 성향이 있고 중심이 있어서 옳다고 생각한 것
은 잘 변하지 않아요. 호불호가 강하고 관심이 없는 것은
전혀 관심을 두지 않아요.

3. 속마음이 잘 드러나지 않지만 외향적이어야 할 때는 외향
적으로 보일 수 있어요. 이상주의적이고 정의로움에 관심
이 많아요. 어른스럽다는 이야기를 들어요.

4. 독립적이라 어떤 집단에 휘둘리는 상황을 싫어해요. 보드
카처럼 어딘가에 섞여도 존재감을 강하게 드러내요.

'직관력, 통찰력이 좋고 눈치가 빨라 상황 파악을 잘한다.'

교수님, 아르바이트 사장님, 학원하면서 인연을 맺는 모든 분
들에게 들었다. 학생 거짓말하는 거 잘 잡아내고, 속아 넘어가지
않는다. 내 앞에서 잔머리 굴리는 게 통하지 않아서 핑계나 변명
을 대지 않는다. 학부모가 나를 신뢰하는 이유다. 일할 때는 완벽
주의자고 자기 중심이 강해 남의 말에 흔들리는 일이 없다. 외향
적이지만 그렇다고 속마음까지 시시콜콜 드러내지 않는다. 정의
로움에 관심이 많아 경우에 어긋난 행동을 하는 걸 못 봐준다. 딸
셋에 둘째로 자랐는데 꼬맹이 때부터 독립적이었다. 사람이든
환경이든 휘둘리는 걸 못 견뎌한다. 내 인생 내가 경영해야 직성
이 풀린다. 직장인보다는 사업이 어울리는 성격이다.

마냥 신나는 아이였다. 호기심에 눈이 반짝거렸다. 세상은 장난감처럼 재밌었다. 천성도 투덜이와 거리가 멀었다. 6학년 후반에 아버지 사업 부도로 가족과 헤어져 친척들 집에서 살았다. 징징대는 것도 경험이 있어야 가능한데 못할 수밖에 없다. 부모가 옆에 있어야 징징거리고 투정댈 수 있으니. 어쩌면 자기 경영의 시작은 사춘기부터였을지 모르겠다.

"예비 창업자나 후배 원장에게 가장 해주고 싶은 말이 있으신가요?"

"자존감과 회복 탄력성을 기르셨으면 해요."

첫 책 출간 후 북 토크에서 오간 대화다. 자존감과 회복 탄력성은 실과 바늘이다. 마음 경영의 꽃이라 말하고 싶다. 높은 자존감으로 나쁜 일을 최대한 방지하고, 피할 수 없었던 일은 회복 탄력성으로 치료해야 한다.

창업할 때 나는 자존감이 높았고 자신만만했다. 학생 수가 많아질수록 통제할 수 없는 사람과 상황을 만났다. 쏟아져 나왔다. 버거웠다. 자존감에 서서히 금이 갔다. 학원은 승승장구했던 것과 달리, 마음은 병들어 가고 있었다.

중중 정신질환을 앓았던 강사 한 명과 학부모 두 명을 만났다. 주위에서 흔히 볼 수 있는 진상 고객과 차원이 달랐다. 뉴스에 나올 법한 그런 사람들이었다.

　두 학부모와는 교육비 연체와 자녀 문제로 갈등이 있었다. 강사의 경우 불성실한 태도 때문에 퇴직을 권했는데 거기에 불만을 품었다. 학원에서 난동을 부렸고, 하루에도 수십 차례 폭언 전화를 했고, 헛소문을 퍼뜨렸다. 변호사를 선임하고 고소를 진행하고 경찰을 불러서야 해결할 수 있었다. 학원 하나를 크게 키우지 않고 다른 지역에 소규모로 분산해서 운영하게 된 큰 이유 중에 하나가 이런 일들 때문이었다.

　사람이 좋아 방글방글 웃기만 했는데 사람이 무서워 멀찌감치 떨어져 멀뚱멀뚱 바라만 보았다. 이들도 처음엔 나를 보고 미소지었다. 좋을 땐 좋아도 한 순간에 바뀌는 게 사람이었다. 마음 경영이 절실했다.

　나쁜 일은 나를 피해 갔으면 좋겠지만, 무방비 상태에서 공격해 올 때가 있다. 코로나19, 천재지변, 질병과 사고, 또 학원인들의 영원한 숙제인 강사와 학부모 관계. 다시 일어서기 위해선 회복 탄력성이 필요했다. 자기 경영 과정에서 했던 모든 행동은 결국 자존감을 지키고 회복 탄력성을 키우기 위해서였다.

　지나간 일에 후회하지 않는다. 이미 닥친 일에 일희일비하지 않는다. 코로나 사태에도 강사들에게 평소와 다름없이 행동했다. 금전적인 손실이 발생할 수밖에 없는 상황이었지만, 그게 강사들 탓은 아니니까. 그래야 강사들도 안정감 있게 수업에 집중할 수 있다. 그것이 곧 내 학생들을 위한 길이다.

'원장님을 믿으면 길이 보이겠구나. 우리 아이 영어 흔들리지 않겠구나!'

한 시간, 하루, 한 달, 일 년이 쌓여 21년이 되었다. 무엇과도 바꿀 수 없는 나만의 자산이다. 우리 학생들과의 추억이다. 내가 향하는 길에 나침반이 되어 줄 것이라 믿는다.

독서 경영 : 콘텐츠 공작소

"한 달에 책 몇 권 읽으세요?"

"일주일에 두 권씩 평균 여덟 권."

"어떤 종류 제일 많이 읽으세요?"

"경영, 영어교육, 자기계발이 젤 재밌어."

"가장 좋아하거나 기억에 남는 책 제목 어떤 거예요?"

"《연을 쫓는 아이》. 아프카니스탄 의사가 쓴 성장 소설이야."

인터뷰어는 중학교 2학년 여학생 나경, 인터뷰이는 나였다.

안경 너머 초롱초롱한 눈빛으로 부끄러운 듯 웃음을 참아가며 하나씩 질문했다. 코로나 전, 학원 근처 중학교에서 '존경하는 사람 인터뷰하기'를 수행평가로 내줬다. 나경이는 내게 부탁했고 기꺼이 오케이 했다. 책 관련 질문이야 약방에 감초 같은 주제지만 우리에겐 특별한 이유가 있다.

학생들과 함께 독서 모임

15년 전 학생들과 독서 모임을 시작했다. 계기는 두 가지였다. 책 읽기의 즐거움을 나누고, 영어에 흥미를 잃은 학생에게 한글책으로 동기부여를 해주고 싶었다. 책 속에 길이 있다 하니, 한 달에 책 한 권씩 읽고 한 가지라도 깨닫는 게 있었으면 했다. 책 한 권, 영화 한 편이 더 깊은 영향을 주지 않을까.

학기 중엔 일주일에 한 번, 방학 때는 두 번 정규 수업 마치고 진행했다. 간식 사주고 우수 참석자에게 책 사주느라 비용이 들었지만 참석한다는 거 자체가 기특해서 아깝지도 힘들지도 않았다. 독서 모임은 중간중간 맥이 끊겼지만 지금까지 이어오고 있다. 나경이는 모임 우수 학생이고 학교 독서 동아리에서도 리더를 맡고 있다. 이런 연결 고리로 인터뷰를 하게 된 것이다.

작년부터는 줌으로 진행하고 있다. 문학, 비문학, 신문기사 등 다양한 글을 읽고 토론한다. 최근에 3개월간 함께 읽은 책은 보도 섀퍼의 《열두 살에 부자가 된 키라》, 김범주의 《나는 공부

대신 논어를 읽었다》, 앤디림, 윤규훈의 《10대를 위한 완벽한 진로 공부법》이다.

독서모임의 가장 큰 수확은 우리 학생들을 이해할 수 있게 된 것이다. 마냥 철부지인 줄 알았는데 장래에 대해 고민을 하고 있었다.

코로나 사태 이후 새로운 미래를 준비하는 글에 관한 내용이 어떤 책에서도 자주 등장한다. 학생이 살아 갈 미래를 모르고서 어떻게 제대로 가르칠 수 있을까? 교육자는 마인드부터 깨어 있어야 한다. 독서 경영이 그 열쇠다.

책밥은 맛있다

콘텐츠 개발할 때 책에서 아이디어를 주로 얻는다.

나는 활용 능력이 뛰어나다. 배웠거나 책에서 읽은 것을 빠르게 흡수하고 바로 활용한다. 학원 커리큘럼에 반영하고 싶은 콘텐츠가 넘쳐난다. 없어서 고민이 아니라 너무 많아 언제 다할까 싶어 고민이다.

내신 대비에 집중해야 하는 중고등부의 경우, 콘텐츠 개발 능력을 발휘하는 데 한계가 있다. 모든 영역을 고루 다뤄야 하는 초등부에선 유감없이 발휘한다.

올해부터 독서 편식에서 벗어나려고 영역별 독서와 필사 모임에 참여하고 있다. 매일 아침과 자기 전에 여덟 개 분야의 책을 읽는다. 경제경영, 금융, 문화예술, 건강, 인문고전, 자기계발, 영어교육, 학원 잡지 《앤써통》 등이다. 모임 성격에 따라 약간씩은 다르지만 대체로 이렇게 진행된다.

카카오톡으로 책 내용을 공유하고, 좋은 구절을 필사하고, 독서 노트를 쓰고, 줌 모임에 참석한다. 분야는 다른데 모든 지식이 연결되어 있어 읽는 재미가 배가 된다. 경영서에서 차이콥스키를 발견하고, 《맹자》 같은 고전에서 현대 경영학을 만난다. 편식에서 벗어나니 학부모와 학생과의 대화도 풍부해졌다. 특히 예체능 학생들의 고민에 공감하게 되었다.

"희경아, 요즘 대회 준비하느라 힘들지. 유명한 피아니스트들도 악보 외우는 게 그렇게 힘들었대."

"어! 원장 선생님이 그런 것도 아세요?"

"책에서 읽었는데 희경이 생각나더라. 그래서 연락했어."

무기력해져서 아무것도 하기 싫을 때, 책을 열 권 구입해서 하루에 한두 권씩 일주일간 읽는다. 아이러니하게 아무것도 하기 싫은데, 책을 몰아 읽으면 무기력증과 슬럼프를 벗어난다. 이웃들이 살아가는 이야기를 읽으면 공감과 위로를 얻는다. 나도 열심히 살아왔다고 생각했는데 더한 어려움 속에서도 더 밝게 살아가는 이웃이 있었다. 반성하게 되고 정신이 번쩍 든다.

독서는 처절하게 힘든 시기에도, 슬럼프가 왔을 때에도, 콘텐츠 개발할 때도 더없이 좋은 만병통치약이다.

시간 경영 : 너의 시간을 알라

'내 시간은 365일 24시간 편의점인가?'

학부모가 시도 때도 없이 내 시간을 침범했다. 딱 그랬다. 침범! 편의점 손님은 물건을 사고 값이라도 지불한다. 자정, 새벽, 휴일에 울리는 휴대폰 소리에 노이로제에 걸릴 지경이었다. 그러지 말아 달라는 말을 못해 속으로만 투덜거렸다. 나를 합리화했다.

'불편해도 내가 좀 참고 말지.'

'괜히 싫은 소리했다가 껄끄러워지잖아.'

'바쁘셔서 지금 시간 나셨나보네.'

'기분 나빠서 그만두면 안 되잖아.'

'어머님들보다 나이도 훨씬 어린데 내가 양보해야지.'

지금 생각해 보면 나는 '착한 원장 콤플렉스'를 가지고 있었
다. 상대방이 어떤 사람이든지 상관없이 누구에게나 좋은 사람
으로 남고 싶었던 거다. 첫 창업했을 때로 돌아간다면, 학생 한
명일 때도 백 명 있는 것처럼 원칙을 정해 지킬 것이다. '학생 늘
더니 변했네.' 이런 말 듣지 않아도 되고 말이다.

2013년 대학원 입학을 계기로 시간 경영을 본격적으로 했다.
잘못되었던 채로 지속되었던 것을 바로 잡았다. 업무 외 내 시간
을 타인이 함부로 빼앗지 못하게 했다. 개인 공부 시간과 휴식 시
간을 정해 두었다. 개인 사정 때문에 학원 원칙을 바꾼 것은 아니
다. 목숨을 걸고 지키는 학원 경영의 철칙이 있다. 나와 학원 사
정에 따라 고객에게 제공하는 제품과 서비스의 질이 낮아져서는
안 된다는 것. 받은 교육비 이상 제대로 할 자신 없으면 학원 문
닫겠다는 것이 내 경영 철칙이다. 약속한 서비스에 아무 때나 연
락해도 언제든 답변하겠다는 항목은 애초에 없었다.

'주말은 업무 시간이 아닙니다. 월요일에 답장 드리겠습니다.'

예전엔 학부모에게 이런 답장을 보내는 건 상상할 수 없었다.
지금은 아예 답장을 안 할 때도 있다. 원칙과 상식에 어긋난 행동
을 반복해서 하는 학부모에겐 돌려 말하지 않는다. 체계적으로

주기적으로 반복해서 안내한다. 입학 때만 하는 것이 아니다. 밤 11시 이후, 새벽에도 주말에도 꼭 연락을 해야 할 만큼 다급한 일은 없었다. 가장 많았던 용건은 어이없게도 이런 것이었다. 어쩌다 한 번 그런 것은 이해한다. 뭐든 습관이 문제다.

"숙제가 뭐예요? 애가 까먹었어요."

"책이 없어졌어요."

주중에 에너지를 다 썼다. 주말에 업무 전화가 오면 주말 내내 편하지 않은 기분으로 보내야 한다. 다음 주 출근길에도 영향을 미친다. 내 시간인데 남에게 끌려 다니는 것이 유쾌하지 않았다. 원장으로 내 할 일 똑바로 했고 교육비 낸 거 아깝지 않게 배로 돌려줬다. 수업 시간과 성적이 증명한다. 그런데 왜 쉴 권리를 누리지도 못하고 이리저리 방해받아야 하는가?

단호하게 반응했을 때 기분 나쁘다고 그만둔 학부모는 거의 없었다. 수차례 공지했음에도 어긴 것은 누구인가. 우수하고 성실한 학생의 학부모는 내가 결정하는 일에 열렬히 지지를 보냈다. 몰상식한 행동을 했던 학부모도 전체 분위기가 이러니 혼자만 튀는 행동을 못 해서 순응해 갔다. 그만두면 손해라는 걸 알았을까? 코로나 관련 긴급 상황 외에는 주말, 공휴일, 밤 11시 이후, 새벽에 연락 오는 일이 없었다.

학원은 시간을 파는 사업

원장이 시간 경영을 잘 해야 하는 이유는 학부모와 학생이 우리 학원에 시간을 투자하기 때문이다. 나와 강사도 물론 투자한다. 하지만 우리는 돈을 벌고 고객은 돈을 쓴다. 양쪽 다 시간을 낭비했다는 생각이 들었을 때 돈을 쓴 사람이 더 아깝지 않을까. 시간에는 값이 매겨져 있지 않다고 하지만, 학원 수업 시간은 금액이 정해져 있다. 1분당 얼마를 받으라는 지침이 있고 그대로 따라야 한다. 또 시간표를 잘못 짜면 불필요한 인력을 채용해야 해서 돈이 순식간에 사라진다. '시간이 돈'이라는 말은 학원인에겐 추상적인 의미가 아니라 문자 그대로 사실이다.

현대 경영학의 아버지, 피터 드러커 박사는 《피터 드러커의 자기경영노트》에서 경영자의 시간 관리 능력을 특히 강조했다. 시간의 특성을 세 가지 언급했다. 비탄력적, 저장 불가능, 가격 없음. 비탄력적이기 때문에 우선 순위를 정해서 일해야 한다. 붙잡아 둘 수 없으니 기록이 필요하다. 정해진 가격이 없으니 활용하기에 따라 0원이 될 수도, 시간당 100만 원이 될 수도 있다. 학원의 경우 1분당 가격이 정해져 있지만, 한 타임에 학생 수가 몇 명이냐에 따라 시간의 가치가 달라진다.

시간을 기록하고 관리하고 통합하라고 했다. 시간 경영의 달인이 되기 위해 첫 번째로 강조한 것이 시간을 어디에 썼는지 기록하라는 것이었다. 3P 바인더에 내가 한 일과 할 일을 기록하고 피드백한다. 휴식 시간, 업무 시간, 자기 계발 시간을 구분하고 균형을 맞춰간다. 시간에 끌려다니지 않고 끌고 간다. 시간은 누구에게나 중요하지만 학원인에게는 더욱 그렇다. 시간을 파는 사업이니까. 학생의 시간을 책임지고 있으니까. 피터 드러커 박사가 경영자에게 신신당부한 이 말을 전하며 시간 경영 파트를 마무리 한다.

'너의 시간을 알라'

건강 경영 : 무너지지 않을 거야

학원 업무는 낮과 밤이 바뀌어 있다. 중고등부가 있는 학원은 직장인 퇴근 시간이 한창 바쁠 때이다. 11시가 넘어 퇴근할 때가 잦다. 학원인은 건강 관리가 쉽지 않다고들 말한다. 그러나 생각을 바꾸면 오히려 건강 관리하기 좋은 직업이다. 학원 경영 장점 중의 하나는 오전 시간이 여유롭다는 것이다.

운동센터, 관공서, 병원 업무 편하게 볼 수 있다. 굳이 월차 내지 않아도 점심시간 쪼개어 가지 않아도 된다. 투병 생활을 했지만 학원을 중단하지 않고 운영할 수 있었던 것도 이런 장점 때문이다. 직장 생활을 했다면 퇴직을 피할 수 없었을 것이다. 잃고 나서 알았지만, 건강 충분히 챙길 수 있다. 문제는 할 수 없는 것이 아니라 할 수 있는 데도 안 하는 것이다!

내 인생 스스로 계획하고 실행하고 목표 달성하며 살았다. 그런데 운동과 식사, 이 두 가지는 수동적이었다. 20대에는 스스로 했는데 30대엔 건강 염려증이 깊어졌다.

암 치료를 시작하며 건강 경영을 본격적으로 시작했다. 너무나 중요한 건강. 혼자서 하면 흐지부지될 것 같아 타인에게 의지했다. 어떠한 경우에도 흔들리지 않을 환경을 갖춰 놓고 싶었다. 불안해서 10년이나 운동 전문가에게 의지했다. 체중 감량보다는 면역력을 키우기 위해서였다. 코로나로 센터에서 개인지도 받는 것도 중지했다. 외식을 일체 하지 않았다. 코로나바이러스가 이제는 자기 주도 운동과 식사를 하라고 떠민 셈이다.

자기 주도 운동과 식습관의 시작

코로나19가 가져온 긍정적인 변화 중 하나는 온라인을 통한 배움의 기회가 대폭 늘어났다는 것이다. 줌, 카카오톡, 유튜브를 통해 원하는 지식과 경험을 충분히 얻을 수 있다.

올해 1월부터 카카오톡 기반으로 운영하는 '하민수 건강 습관 프로젝트' 〈아만나 : 아름다운 나를 만나는 시간〉에 참여하고 있다. 매일 네 가지 인증을 한다. 독서/식단/걷기/운동. 큰 틀은 정해져 있고 상세 내용은 생활 패턴과 몸에 맞게 직접 설계하고 경영해 간다. 리더의 조언을 듣고 멤버들과 피드백을 주고받으며 최적의 건강 습관을 찾아 정착시키고 있다.

독서

건강 서적을 매일 10~20쪽 읽고 경험과 생각을 공유한다. 혼자 읽으면 인풋만 될 텐데 그날 의견을 나누고 운동 일지에 기록하니 아웃풋까지 연결된다.

'아! 저렇게 먹어야 하는구나!'

'운동 강도가 더 세야 했어.'

한참이나 부족하게 하고선 효과 없다고 했던 게 부끄러웠다. 학부모와 학생에겐 "그것만 해서는 안 됩니다. 훨씬 더 시간과 노력을 들이셔야 해요."라고 말한 사람이 누구였는지.

식단

그날 먹은 모든 음식을 사진 또는 글로 인증한다. 처음엔 일일이 사진 찍는 것이 성가셔서 글로 인증했는데 사진 인증할 때 효과가 확실히 좋았다. 멤버들 식단 사진을 보고 메뉴 결정에 참고한다.

요즈음은 16:8 간헐적 단식을 실천하고 있다. 8시간 먹고 16시간 공복으로 있는 식사법이다. 내 생활 패턴에 잘 맞는다. 12시부터 저녁 8시까지 아래 식단을 지켜서 먹고 8시부터 다음날 정

오까지 16시간 공복으로 지낸다.

낮 12시 : 과일 2~3종류

오후 2시 : 점심(먹고 싶은 것 충분히)

오후 5시 : 간식(고구마, 견과류 등)

오후 7시 : 저녁(채식 위주)

나는 밥에 한이 맺혔다. 초등학교까지 유복하게 자랐지만, 아빠 사업 부도로 밥 굶는 신세가 되었다. 한창 먹을 나이에 하루 종일 한 끼만 먹곤 했다. 그래서인지 배고픈 건 참기 힘들다. 수업하다 보면 다섯 시 전후로 그렇게 배가 고플 수 없었다. 꼬르륵 꼬르륵 배꼽시계가 사정없이 울렸다.

"선생님, 배고파요?"

다 들렸구나! 어떨 땐 상담할 때도 나서 민망했다. 배고픈데 학생이 말을 안 들으면, 나는 헐크로 변했다.

'밥 굶으면서까지 이렇게 해야 해? 내 배도 이렇게 고픈데.'

2년 차에 전임 강사를 채용하면서부터 저녁 식사를 제공했다. 한창 바쁜 시간이라 고민이 많았지만 그 시간대에 파트 강사를 추가로 뽑고 식사 시간을 확보했다.

걷기

3천보 이상 걷기는 가장 좋아하는 미션이다. 어릴 적 별명이 홍길동이었다. 걸음이 빨랐고 동에 번쩍 서에 번쩍 돌아다니기를 좋아했다. 슬럼프가 오거나 우울할 때 음악을 들으며 한두 시간 무작정 걷는다. 가만히 있으면 나쁜 생각이 꼬리에 꼬리를 물고 괴롭히는데 일단 나가면 공중으로 근심이 날아간다. 만보 걷기 효과에 대한 건 관심 없다. 나는 원래 걷고 있었으니까.

운동

코로나19 이후 운동 센터에 가지 않았다. 유튜브로 홈 트레이닝을 시작했다. 눈 뜨자마자 유튜브를 켠다. 전신 스트레칭을 시작으로 복근운동, 플랭크, 스쿼트 등의 운동을 한다. '유튜브로 무슨 운동이야?' 초반의 의심은 사라졌고 운동을 생활화하는 데 큰 역할을 하고 있다. 매일 40분은 유튜브 선생님과 만난다.

1월부터 7월까지 7개월 연속 네 가지 인증을 모두 해냈다. 운동과 식단은 자기 주도 습관이 제로에 가까워지는데, 도와주는 분들이 있어 즐기며 하고 있다. 아름다운 나를 만나는 시간이 행복하다.

경제 경영 : 코로나 시대 필수

'교육비 떼먹는 못된 인간들 때문에 괴로워할 이유 없어!'

돈 공부의 시작이었다. 연체를 떠안았던 것도 돈 관리를 야무지게 못한 이유가 가장 크다. '돈'이라는 단어를 입 밖으로 내는 게 꺼림직했다. 서점에 달려가 돈 관련 서적을 읽기 시작했다. '돈'이라는 단어와 친해지기 시작했다.

돈 공부는 직장인보다 사업자에게 더 필요하다. 돈을 벌기 위한 공부만을 뜻하진 않는다. 돈 관리를 잘해서 불필요한 낭비를 막기 위해서 해야 한다. 코로나19를 겪으면서 당장 할 수 있는 일은 지출을 줄이는 것이었다. 집합 금지로 오프라인 수업이 불가능해졌을 때 100퍼센트 온라인 수업으로 전환했다. 교육비를 줌 수업 초기에는 30퍼센트 낮추어 받았다. 고정비는 같은데 매출은 줄어들었다. 비상금을 털었다. 적금을 깼고 보험 대출도 받았다. 그나마 빚을 지지 않고 내가 가진 자금으로 해결할 수 있었던 게 감사할 따름이었다. 영어는 온라인으로 충분히 수업 진행이 가능하다. 전화 영어, 화상 영어는 오래전부터 익숙한 학습 형태다. 온라인이 힘든 과목을 생각하면 마음이 무겁다.

학원 경영에서 돈 공부가 필요한 부분은 어디일까. 지출 줄이기, 교육비 수납, 세무 신고, 월세·관리비, 공과금, 급여 등이 있다. 작년 하반기부터 현재까지 금융·경제 모임에 참석하고 있다. 실전 연습을 하며 돈 경영 감각을 더 탄탄히 익히고 있다. 코로나19와 같은 위기 상황에서 원장의 탁월한 돈 관리 능력은 학원을 지키는 버팀목이 될 것이다.

스마트스토어 스터디

학원에서 블로그, 카페, 홈페이지를 운영하듯 스마트스토어도 온라인 플랫폼의 하나로 활용해보고 싶었다. 작년 7월 스마트스토어 이론 스터디, 12월에 실전 스터디에 참석했다. 올해도 관심을 놓치지 않기 위해 특강과 스터디에 참여하고 개인 컨설팅도 받았다. 이 과정을 공부하면서 느낀 건 학원 경영이랑 흡사하다는 것이었다. 스마트스토어 홍보도 학원 홍보랑 같았고 고객응대 서비스도 마찬가지였다. 학원에 접목할 수 있는 시스템이 뭘까를 궁리하며 기능들을 익혔다. 스마트스토어에 관심을 가지게 된 계기는 다음의 목적 때문이었다.

1. 비대면 결제 확대……학원 비대면 결제 서비스가 있지만, 모든 종류의 결제 시스템을 알아두고 싶었다.

2. 마케팅 연구……익숙한 곳을 떠나 낯선 곳으로 여행을 하면 새로운 아이디어가 떠오른다. 스마트스토어는 낯선 분야이면서, 마케팅이 활발히 이루어지는 플랫폼이다. 익숙한 학원 마케팅의 틀을 깨는데 도움이 된다.

3. 시스템 확대……학부모 응대, 정보 전달 등의 업무가 문서, 문자, 전화를 통해 주로 이루어지고 있다. 온라인 시스템을 익혀서 기록과 소통의 방식을 확장할 계획이다.

4. 온라인 콘텐츠……대학원에서 영어콘텐츠개발학을 전공했다. 콘텐츠 개발이 특기이자 취미다. 온라인 플랫폼을 통해 어떤 콘텐츠를 생산하고 활용할 수 있는지 관심이 많다.

금융 독서 모임

작년 9월부터 11월 12주간, 12권의 책을 읽는 금융 독서 모임에 참석했다. 코로나 전쟁통에 학원 지키느라 제대로 참석하진 못했지만, 그 환경에 속해 있는 것만으로 큰 자극이 되었다. 혼자 읽을 때는 이론만 알고 실전에 약했다. 멤버들의 경험담을 들으면서 실전 노하우를 익힐 수 있었다. 그동안 학원 수입과 저축에만 의존했다. 다각도로 파이프라인을 구축한 사례를 생생히 듣고, 경제 활동 시야를 확장할 수 있었다.

경제 신문 읽기

비즈니스 관련 잡지를 읽고 있지만, 경제 용어가 낯설어 완전히 이해하기 어려웠다. 신문 경제면에는 손이 가지 않았다. 영단어 의미를 몰라 독해 지문을 대략 추측하는 학생을 이해할 수 있었다.

그러던 차에 경제 용어를 공부하는 모임이 있어 신청했다. 혼자 힘으로 하기 어려운 것일수록 환경에 밀어 넣는 것이 좋다. 올해 6월부터 하루에 한 편 이상 기사를 읽고 용어 한 개씩 정리하고 있다. 메타버스, ESG, 테이퍼링, 유상증자, 사모펀드, 공모주 청약, MZ 세대 등 평상시 어설프게 알고 있거나 새롭게 알게 된 용어를 통해 시야를 확대하고 있다. 대기업 운영 방식, 돈의 흐름, 기발한 마케팅 방법을 참고할 수 있었다.

'우리 학원이 규모가 커졌을 때 이렇게 자금을 운용하면 되겠구나.'

'편의점 마케팅 괜찮은데, 우리 학생들한테도 해주자.'

'은행이랑 카드사에서 이런 서비스를 하네. 학부모님들께 알려 드리자.'

'선생님, 오늘 이마트24에서 원두커피 100원에 판매한대요.'

내 강점 중의 하나가 활용 능력이 좋다는 것인데, 최신 기사를 보며 학원에 적용할 만한 것은 바로 실천했다.

세무 특강

창업 2년 차부터 모든 세무 관련은 세무사무소에 의뢰했다. 매달 기장, 1월 사업자 현황 신고, 5월 종합소득세 신고, 강사 원천 징수 모두를 맡겼다. 준비해 달라는 서류만 챙겼고 국세청 홈페이지에는 접속하지 않았다. 이랬던 내가 코로나19를 계기로, 세무사에게 맡기더라도 알고는 있어야 겠다는 생각이 들었다.

특강을 듣고 홈택스에 접속하여 서류 출력도 해보고 신용카드 등록도 해봤다. 가까이 하기엔 너무 멀었던 세금, 생각만 해도 골치가 지끈거려 피하기만 했다. 할 수 있는 것부터 하나씩 해보니 조금은 만만해 보였다.

'이제 제대로 돈 경영을 하게 됐구나!' 분명 내 일인데도 제3자가 되어 지켜보기만 했다. 세무사가 했던 말과 업무를 이해하게 되었다.

제6장

학원 커뮤니티 뜨거운 감자 해결법

공부방, 교습소, 학원 중 내게 맞는 형태는

'나다움'에 대한 관심이 뜨겁다. '나'를 주제로 한 블로그며 연구소가 차고 넘친다. 학생에겐 적성에 맞는 진로가 있다. 원장도 본인에게 맞는 학원 스타일이 있다. 공부방을 한다고 역량이 작고, 학원을 한다고 큰 것이 아니다. 학원 형태를 결정할 때 가장 우선시해야 할 것은 원장의 적성, 상황, 목표 그리고 행복의 가치이다. 하지 못한 것에 대한 미련이나 다른 사람의 시선은 버리는 것이 좋다.

대학 때 과외와 학습지 회사에서 아르바이트를 하며 사교육을 처음 접했다. 학원 강사 경험 없이 졸업 무렵 바로 교습소를 차렸다. 교습소, 학원, 어학원을 운영했으니 공부방을 제외하고는 대부분의 사교육 형태를 경험했다. 공부방의 경우 간접 경험이 풍부하다. 지인들을 보면 개인과외나 학원 강사 경험을 살려 공부방부터 시작한 경우가 많았다. 강사 경력이 쌓이거나 공부방에서 학생이 모이면 교습소나 학원으로 확장했다.

하루가 멀다 하고 창업, 이전 소식이 들려온다. 공부방 운영하는 후배는 학원 자리를 알아보고 있다.

"소음 때문에 민원이 자꾸 들어와요."

"공부방 하니까 엄마들이 무시하는 거 같아요."

"냄새날까 봐 밥도 편히 못 먹겠어요."

"그래도 학원을 하는 게 번듯해 보이지 않을까요?"

"언제까지 혼자 할 수 없잖아요. 이제 나이도 있는데."

"아프면 나 대신 누가 수업하죠?"

"직접 일 안 해도 돈 버는 시스템을 만들어 놓으려구요."

10년 넘게 학원을 운영 중인 대학 선배는 폐원을 생각 중이다. 교습소나 공부방처럼 1인 경영을 하고 싶어 한다.

"강사 때문에 스트레스가 이만저만이 아니야."

"차라리 속 편히 나 혼자 하고 싶어."

"월세에 관리비에 강사 월급에 남는 거 하나도 없어."

"규제만 많지. 공부방, 교습소보다 좋은 게 뭐야."

"실속 있게 공부방 할래."

공부방 원장인 지인은 교습소나 학원을, 학원장인 지인은 공부방이나 교습소를 하고 싶어 한다. 상황과 목표가 바뀌면 운영 형태는 당연히 변화를 줄 수 있다. 다만 또 다른 장애물이 존재한다는 걸 염두에 두고 준비하는 것이 좋다. 공부방이라고 무시하는 엄마들은 학원에서도 똑같이 행동한다. 학원 규모도 몇 십 평부터 몇 백 평까지 다양하다. 강사가 있어도 내 아픔을 덜어주는 게 아니라 더 보탤 때도 있다. 학원 경영하다가 강사 문제로 공부방하는 분도 있다. 처음엔 대만족이더니, 혼자 하니까 편하긴 하지만 발전이 없다고 한다. 다시 학원 창업 준비를 하고 있다.

학원 규모: 최대가 아닌 '최적'으로 승부 걸기

내가 했던 일 중에 가장 큰 모험은 학원을 다른 지역에 분산하여 경영한 것이다. 다 잃을 각오를 했다. 1호점이 잘되어서 2호점을 냈다가 이도저도 되지 않아 둘 다 폐원하거나 한 곳만 유지하는 사례를 직접 눈으로 봤다. 이런 위험에도 대형으로 키우기보다 중소형 학원 여러 개 경영하는 쪽을 택했다. 그 이유 중 하나가 규모의 적절함 때문이었다.

피터 드러커 박사는 그의 저서 《매니지먼트》에서 말했다.

"규모의 크기는 성공이나 성과의 지표가 아니다. 적절함이야 말로 진정한 목표다."

"조직에는 어떤 한계 이상 커지면 성과 효율이 떨어지는 최적 규모가 있다. 그러한 기업은 분할되어야 한다."

학원이 한계 이상 커지면 성과 효율이 떨어진다는 것을 경험했었다. 11년 전 신종 플루로 인한 휴원, 교육비 연체 조울증 학부모 고소 사건, 암 진단 등의 사건이 있었다. 200명 대 학원도 무너지면 이렇게 타격이 큰데, 규모가 더 크면 위기 관리를 어떻게 해야 하나 싶었다. 창업부터 2010년 까지 총 세 번 확장 이전했고, 그 이후에는 다시 축소 이전했다.

'계란을 한 바구니에 담지 말라'는 교훈을 얻었다.

한 학원을 크게 키우기보다는 작은 학원을 여러 개 운영하는 것이 좋다고 판단했다. 1호점이 2호점에 영향을 미치지 못하도록 지역을 분산시켰다. 또 서울보다는 경기도가 학원 허가 조건이 덜 까다롭다. 더 작은 평수로 학원과 어학원 허가가 가능했다. 서울에서 40평은 보습학원 허가만 가능하지만, 경기도에선 어학원이 가능하다. 어학원 경영이 목적이라 2호점, 3호점, 4호점은 서울 외 지역으로 눈을 돌렸다.

창업, 인수, 확장 이전, 축소 이전 등 다양한 형태로 운영해 보았다. 어떤 것도 완벽하진 않았다. 그때 상황과 내 목표에 맞는 최선의 선택이었다. 모든 과정이 성공적이진 않았지만 후회는 없다. 내가 선택했으니까. 하고 싶은 걸 해봤으니까.

공부방, 교습소, 학원 창업. 가장 중요한 것은 창업자의 성향, 상황, 목표임을 잊지 말자.

확장이 고민입니다

창업했을 때보다 확장 이전할 때 고민이 깊었다. 확장 이전도 신규 오픈만큼이나 철저한 준비와 각오가 필요하다. 실제 일이 두 배 이상 많았다. 신규 창업은 한 곳만 신경 쓰면 되는데, 이전은 양쪽 상가를 모두 신경 써야 했다. 짐 정리, 기존 자리 인계, 재학생과 학부모 관리, 이사 후 뒷정리, 관공서 문제까지 어느 하나 쉬운 것이 없었다. 가정 이사도 한 번 할 때마다 고개를 절레절레 젓는다. 학생 수십 명에서 수백 명을 데리고 가는 학원 이사는 고객 관리까지 해야 한다. 심적·육체적 부담이 만만치 않았다.

'내가 다시는 이전하나 봐라.'

이를 바득바득 갈았다. 황금빛 청사진으로 이전했지만 생각지 못한 복병(방음, 동종업종, 전기, 각종 수선 등)을 만났다. '이 또한 지나

가리라.' 그 시기가 지나고 고생에 대한 열매가 열리자 나는 또 이전을 결심했다. 마치 첫째 아이를 낳고 힘들어서 둘째 생각은 없다가 첫째 아이 재롱을 보고 둘째를 낳고 싶은 것처럼.

확장을 고려할 때 가장 중요한 것은 원장의 성향이다. 안정형인지, 모험형인지. 나는 후자였다. 한 번 확장에 대한 생각이 자리 잡으니 하지 않고는 못 배길 정도였다. 자나 깨나 그 생각뿐이었다. 현재 상태에서 만족하기 어려웠고 이전해야 할 이유만 떠올랐다. 나 같은 성향의 사람은 백 사람이 말려도 하고 싶은 걸 해야 직성이 풀린다.

사업 확장 이전을 이야기할 때 흔히 식당을 예로 든다.
'줄서서 먹어야 했던 작은 식당이 확장하면 손님 발길이 줄어든다.'
규모가 작을 때는 주인이 음식 장만부터 고객 응대까지 책임진다. 철저하게 고객 중심으로 운영한다. 규모가 커지면 직원들과 업무를 분담해야 하는데 누구도 주인처럼 하지 않는다. 모든 것을 혼자서만 해봤던 주인은 경영 마인드가 부족할 수밖에 없다. 직원이 있어도 효율적으로 일을 시키지 못한다. 매뉴얼도 머릿속에만 있다.

자녀가 성장하면서 집 평수를 늘려가듯 학원도 비슷한 과정을 겪는다. 좋은 환경에서 공부시키고 싶은 게 가장 컸고, 늘어나는 학생 수를 수용할 수 없어서 확장했다. 다양한 프로그램을 전문적으로 제공해 주고 싶었다. 혼자서 1인 5역의 티칭을 하기 어려웠다.

이런 내 마음과 달리, 학부모는 원장이 생각하는 것만큼 학원 시설에 큰 의미를 두지 않았다. 첫째도 둘째도 학원의 본질이다. 시설이 좋고 강사가 내 아이를 가르치는 것보다, 작아도 원장이 직접 가르치는 것을 선호한다. 물론 시설과 프로그램이 좋고, 관리도 철저하고, 어떤 강사가 가르쳐도 원장이 하는 것만큼 수업의 질도 우수하다면 더없이 좋을 것이다. 처음에는 원장 직강이 아니라서 불안의 눈초리로 지켜보지만, 아이도 만족하고 실력도 향상되면 누가 가르쳐도 믿고 맡긴다.

이전 후에도 원장이 똑같이 수업을 이어간다면 큰 문제는 없다. 그러나 대부분은 원장이 수업 비중을 줄이고 강사에게 분담하는 형태로 서서히 바꾸려 한다. 그 과정에서 학부모는 불만을 갖게 된다. 애초에 원장의 수업 방식이 좋아 등록했는데, 다른 사람에게 내 아이를 맡겨야 한다면 좋아할 학부모는 없다. 첫 번째 확장 이전 할 때 기존 학생들을 내가 계속 맡아서 지도했다. 3~6개월이 지나 과정이나 학년이 바뀔 때 강사를 배정해 줬다. 신규 학원생은 강사에게 전담했다. 이런 식으로 원장 수업 비중을 줄여갔다. 수업을 줄인 만큼 시스템을 확고히 구축했다. 원장이 직접 가르치지 않아도 전과 다름없이 학습 결과를 내고 학생들도 좋아하는 분위기로 만들었다.

이전 비용과 그 후에 있을 수 있는 손실 가능성을 생각하면 한 자리에 꾸준히 있는 것도 실속 있다. 확장하고 나서도 순조롭게 증가세를 유지했지만, 세 번 확장하면서 든 비용만 5천만 원이 넘는다. 학원 호황기일 때여서 시설 권리금만 1~2천만 원을 줘야 했다.

지인 원장님들 중에 한 자리에서 10년 이상 하신 분들은 목표로 하는 자금 계획(상가, 건물, 아파트 매입 등)을 안정적으로 달성했다. 이전의 이유가 오로지 순이익을 높이기 위해서라면 재고(再考)해 볼 필요가 있다.

창업이냐, 인수냐 그것이 문제로다

공부방, 교습소에 비해 보습학원과 어학원은 허가 조건이 더 까다롭다. 마음에 드는 상가 매물을 찾기 어려울 뿐만 아니라 있더라도 허가 조건을 100퍼센트 맞추기 어렵다. 인수는 학생 수도 포함된 인수와 시설만 인수하는 경우가 있다. 학생을 인수하더라도 시설만 한다는 생각으로 접근하는 것이 좋다.

나는 신규 창업, 시설만 인수, 학생 포함 인수 모두를 해보았다. 그 과정에서 겪어서 알게 된 장단점을 소개한다.

신규 창업

장점

- 취향에 맞게 인테리어를 할 수 있다.
- 교육철학과 고유의 브랜드를 기초부터 정립할 수 있다.
- 처음부터 모든 과정을 직접 일군 만큼 애착과 보람이 크다.

단점

- 좋은 학원 자리 찾기가 어렵다(좋은 곳은 이미 들어와 있다).
- 입지 선정부터 인테리어, 설비, 허가를 받기까지 예상보다 두 배의 시간과 비용이 든다.
- 학생 수 0명에서 신규 창업을 하면 6개월 정도는 적자를 감수해야 한다(6개월 학원 운영비와 생활비를 준비해 두어야 한다).

인수 창업

기존의 학원 시설 인수는 절차가 간소하다. 교육청에서 학원장 명의 변경 신청만 하면 된다. 학원 이름이 바뀔 때는 당연히 이것도 신고해야 한다. 이미 허가 받은 곳이라서 실사를 받지 않아도 된다. 단, 폐원 신고를 마친 곳은 다시 받아야 한다. 한번 학원 허가를 받았던 곳이므로 크게 결격 사유는 없겠지만, 그 사이에 바뀐 규정이 있을 수 있으니 확인하자. 다음은 학생도 인수받았을 때의 장·단점이다.

장점

- 초기 투자비가 적게 든다.
- 골치 아픈 학원 허가에서 자유로울 수 있다.
- 이미 구축된 시스템을 활용할 수 있어 안정적으로 시작할 수 있다.
- 첫 달부터 월세 부담을 줄일 수 있다.

단점

- 인수 후에 기존 인테리어가 마음에 들지 않아 새로 할 수 있다. 인수인계할 때는 손 볼 곳이 없다고 하지만 막상 내 것이 되면 다시 하고 싶은 마음이 들게 마련이다.
- 학원장이 바뀌면 퇴원생이 발생할 수밖에 없다. 학생수 0명부터 새로 시작한다는 마음으로 인수받는 편이 마음 편하다. 원래 그만두려 했는데 원장과의 인연을 생각해서 그만두지 못하다가 바뀐다고 하니 그만두는 경우가 많다. 퇴원을 각오하고 시작하지만, 더 퇴원할 가능성이 크다. 학원

자리와 시설을 좋은 비용에 인수했다는 마음으로 시작하면 오히려 일에 몰두할 수 있다.

● 기존 학부모, 강사, 학생들에 대한 세심한 관리가 필요하다. 신규 창업은 이런 고민을 하지 않아도 되는 반면, 인수는 인재 관리가 성패를 좌우한다.

인수인계 시 고려해야 할 점

프랜차이즈로 인연을 맺은 원장님과 지사장님에게 학원을 맡아달라는 얘기를 많이 들었다. 원장님들은 10년 이상 학원 경영을 하셨고 50대 60대가 되어 쉬고 싶어 하셨다. 제의하셨던 학원 중에 내 기준에 맞는 곳을 인수했다. 지역이 떨어져 있었기 때문에 원장 수업이 없고, 선생님까지 인수 가능한 곳이어야 했다. 그다음 아파트 2천 세대 이상, 학교 수를 봤다.

몇 년 이상 학원장을 믿고 자녀를 맡기고 일을 했는데, 주인이 바뀐다면 강사, 학생, 학부모 모두 혼란스러울 수밖에 없다. 학생 포함 인수했을 때는 기존 시스템을 그대로 따르면서 신뢰를 얻고 난 후 서서히 내 스타일로 바꿔나갔다. 학원 이름도 그대로 인수했다. 학부모 입장에서 기존에 하던 것에서 급격한 변화가 오면 불만이 쌓인다. 그게 좋은 쪽이라도 그렇다. 변화 자체가 성가신 것이다. 인수할 때 중요한 것은 시설이나 집기류 상태를 살피는 것이 아니다. 고객의 마음 상태를 들여다보고 내 편으로 만드는 걸 고민해야 한다.

개인 브랜드 vs 프랜차이즈

현재는 개인 브랜드로 운영하고 있지만, 과거에 세 곳의 프랜차이즈 회사와 가맹했었다. 세 곳을 해지한 이유는 이렇다. 한 곳은 본사가 없어졌다. 다른 한 곳은 교재 개발을 지속적으로 하지 않았다. 초등부 교재는 탄탄했지만 중등부 이상 교재가 거의 없었다. 개발한다는 말을 믿고 가맹했는데 몇 년이 지나도 변하지 않았다. 우리 학원도 초등부 중심에서 중고등부 위주로 바뀌어 가면서 해지를 결정했다. 나머지 프랜차이즈는 인수한 학원에서 가맹한 곳이었다. 내가 원하는 방향과 달라서 인수 후 1년 가까이 되었을 때 해지했다.

지금부터 내가 프랜차이즈에 가맹했던 이유와 해지했던 이유, 그리고 그로부터 얻은 점을 이야기하겠다.

프랜차이즈에 가맹했던 이유

오픈하려는 지역에 아무 연고가 없고 학생도 0명에서 시작한 다면, 프랜차이즈 도움을 받는 것이 유리하다. 아무런 시스템이 갖춰지지 않으면 학부모에게 보여 드릴 것이 없다. 말로만 '잘 가르칠 자신 있어요.'라고 말할 수 있는가? 적어도 전단지, 홍보물, 교재, 커리큘럼은 준비되어야 한다. 초보 원장이 이런 것까지 한 번에 정립하기란 쉽지 않다. 짧게는 일 년에서 수년이 걸린다. 영어 특성상 영역별·수준별 교재만 해도 한 학년 수십 종류다. 새로 시작하는 원장의 빈손에 무기를 쥐어 주는 게 프랜차이즈다. EBS 강사로 인지도를 쌓은 지인이 프랜차이즈 문제로 상담을 요청한 적이 있었다.

"왜 가맹하려고 해요? 없어도 충분히 잘 될 텐데요."
"개인으로 하면 가방, 간판, 전단지, 로고, 문구 등 모든 것을 다 직접 만들어야 하니까요. 시간과 기회비용을 생각하면 마음에 드는 프랜차이즈를 선택하는 게 낫겠더라구요."

내가 가맹했던 이유도 지인과 같았다. 개인 과외와 여러 학생을 대상으로 하는 학원은 다르다. 대학 때 과외만 해보았던 나는 일관성 있는 장기 커리큘럼을 세울 능력이 없었다. 프랜차이즈는 아무것도 없는 공간에 뼈대를 세워 주는 역할을 한다. 성장의 주춧돌이 되어줄 수 있다.

프랜차이즈 가맹에서 개인 브랜드로 바꾼 이유

큰 기대를 안고 가맹했는데 본사에서 홍보도 교재 개발도 잘 안 해서 실망하는 경우가 적지 않다. 하드웨어는 프랜차이즈로, 소프트웨어는 원장이 확립해 나가야 한다. 같은 교재를 가지고도 어떻게 활용하느냐에 따라 학원 성장과 학생 실력이 좌우된다. 개인 브랜드로 바꾼 이유는 다음과 같다.

1. 교재 연구와 개발이 취미일 정도로 좋아하고 자신 있다.
2. 시중 교재로 초·중·고 12년 장기 커리큘럼을 개발할 수 있다.
3. 학생 눈높이에 맞는 세분화된 교재가 필요하다.
4. 프랜차이즈 1인당 한 달 교재비·사용료가 2만 원 이상이었다.
5. 같은 교재로 복습을 충분히 시키고 싶은데 그럴 수 없다.
6. 초등 중심에서 중·고 중심으로 학생 분포가 바뀌었다.

7. 교재 판매 외에 홍보 지원 등이 지속적으로 이어지지 않
   았다.

프랜차이즈는 자전거의 보조 바퀴

'이것만 가맹하면 우리 학원이 제일 잘 나갈 것 같아.'

'우리 학생 실력 향상은 문제 없겠구나!'

'나는 손 안 대도 시스템으로 운영할 수 있겠어.'

'본사가 뭐든지 척척 해결해 줄 수 있겠구나.'

설명회에 다녀보면 이런 환상에 빠진다. 학원에서 제일 많이
받는 전화는 광고 전화다. 가장 많이 찾아오는 사람은 영업 사원
이다. 그들이 하는 말과 건네주는 책자만 보면 만병통치약처럼
느껴진다. 가려운 곳을 어찌나 쏙쏙 긁어 주는지 당장이라도 가
맹하고 싶다. 기존 것을 바꾸고 싶다. 세 곳과 가맹을 해 봤다. 프
랜차이즈 역할 30%, 원장 역량 70%였다.

'손에 쥔 도구를 가만히 들고 있으면 무슨 일이 일어날까? 아
무 일도 일어나지 않는다. 팔만 아프다.'

프랜차이즈라는 도구를 활용해야 한다. 원장의 노력이 뒷받

침 되어야 도구로써 빛을 발한다. 교육철학과 가장 잘 부합되는 곳을 찾아 내가 만들어 간다는 생각으로 가맹하는 것이 좋다.

프랜차이즈를 통해 얻은 가장 값진 재산

프랜차이즈를 가맹해서 가장 좋았던 것은 원장님들과의 만남이다. 전단지, 교재, 홍보물은 남지 않았지만 귀한 인연은 지금도 이어지고 있다. 개인 학원을 하면 이런 인맥을 쌓을 기회가 없다. 1회성으로 그치기 쉽다. 공통 분모가 없기 때문에 지속되기도 힘들다. 프랜차이즈 회사를 설립하고 싶은 이유는 힘들 때 의지할 수 있는 사람을 만날 수 있는 공동체, 그것이 바로 프랜차이즈이기 때문이다.

233

원장 나이 중요할까요

"이런저런 일 다양하게 해봤는데 이만큼 만족스러운 일이 없어요."

"취업 준비에 시간 허비하고 싶지 않아요. 과외 경험 살려 일찍 내 사업 시작하고 싶어요."

학원은 취업 대신 창업을 택하는 20대에게도, 인생의 후반전을 준비하는 분에게도 공평하게 열려 있다. 친한 미술 학원 원장님은 육십 대 초반에 교습소를 창업했다. 서른 명 전후의 학생을 지도하며 투자 시간 대비 만족스러운 수입을 거두고 있다. 딸이 대학 졸업반인데 학원 창업을 준비시키고 있다. 50대 전후에 첫 학원을 창업한 지인이 여러 명 있다. 학생이 다니는 태권도 관장님은 80대 초반이다. 모두 열정적으로 학원업을 즐기고 계신다.

30~40대 창업이 여전히 주를 이루지만 20대, 50대, 60대 창업도 늘고 있다.

곧 예순을 앞둔 원장님은 작년에 15평 상가를 매입했다. 사십 대 중반에 교습소를 창업하고 10년 넘게 운영하고 있다. 평생 학생들과 함께하고 싶다고 한다. 수업은 세 시부터지만 오전에 나와 수업 자료를 만들고 교재 연구를 한다.

"오전부터 나오시면 힘들지 않으세요?"

"세상에서 제일 즐거운 일인 걸요. 평생하고 싶어요."

맞벌이 가정이 많은 지역인데 직접 만든 간식을 준비한다.

"직접 만드는 거 귀찮지 않으세요?"

"해줄 수 있어서 행복해요. 보람도 느끼구요."

자가 상가에서 하루 3~4시간을 일하며 학생 스무 명을 지도하고 400만 원 수입을 얻고 있다.

'나이 많은데 아이들이 싫어하지 않을까?'

'너무 어리다고 학부모들이 무시하는 건 아닐까?'

학원 창업과 운영에 원장 나이 중요할까? 본인이 중요하지 않다면 중요하지 않다. 나이가 많은 걸 싫어할 수도 있다. 어리다고 무시당할 수도 있다. 어떤 나이대이든 부딪혀야 할 장애물은 있다. 특정 나이대가 더 유리한 것은 아니다. 다양한 니즈를 가진 학부모가 존재한다. 원장 나이를 콕 찍어서 선호하는 학부모는 많지 않다. 원장 스스로 한계를 두지 않으면 기회는 열려 있다. 나이에 맞는 장단점이 있을 뿐, 학원업에 대한 열정과 소신이 훨씬 중요하다.

스물네 살에 공부방에서 시작한 후배는 7년이 지난 지금 100평 규모의 종합 학원을 운영하고 있다. 어렸지만 당찬 비전을 가지고 있었고 학생들에게 열과 성의를 다했다. 학부모 앞에서 항상 자신감 넘치는 모습을 보였다. 성적 결과로 실력을 입증했다. 간담회를 개최할 때마다 늘 만석이었다. 학부모에게 강한 확신을 보여 주니 어린 나이는 전혀 문제가 되지 않았다.

20대 원장을 못 미더워 하는 학부모도 있었다. 서툴렀지만 진취적인 모습에 높은 점수를 주는 학부모도 있었다. 매너리즘에 빠진 학원에 실망한 학부모는 이제 시작하는 20대의 나를 좋아했다. 머리보단 행동이 앞섰다. 내 직관을 믿었기에 하고 싶은 것이 있으면 저질렀다. 20대 후반부터 안정적인 전성기였다. 일이 그 무엇과 바꿀 수 없을 정도로 재미났다.

30대는 창업하기 좋은 시기이다. 강사로 5년 이상 경력이 쌓이면 사업에 대한 고민을 시작하는데 그 시기가 보통 30대다. 30

대에 전성기·정체기·쇠퇴기가 공존했다. 괜찮은 척 하지만, 잊어버리고 싶지만, 눈 빨개지는 30대. 멈춰야 할 때를 알게 해 주고 나를 돌아보게 해 준 시기였다.

40대. 작은 동산에 올라 심호흡하며 아래를 내려다보는 기분이다. 아등바등하지 않게 되었다. 내가 겪었던 시행착오를 다른 분은 덜 겪었으면 하는 바람이 커졌다. 경험치가 쌓이면 결단이 빠를 거 같은데 생각이 많아졌다. 왜 그런지 곰곰이 생각해봤다. 경우의 수를 많이 봐서 그렇다. 20대는 선택지를 10개만 알았는데, 40대는 100개를 알게 되었다. 그러니 더 신중하게 된 것이다. 학부모보다 스무 살 가까이 어렸던 내가 이젠 비슷한 나이가 되었다. 그때 이해하지 못했던 것을 이해할 수 있는 나이이다.

학원 경영, 연령대 상관없이 그 나이대의 매력으로 승부를 걸어 볼 만하다!

법 지키면 바보 되는 세상이라지만

"다른 곳도 다 그래요."

"법 지키면 바보 되는 세상이잖아요."

"나만 손해예요."

사교육 기관은 평수와 장소에 따라 공부방, 교습소, 보습학원, 어학원으로 나뉜다. 각 기관의 가장 큰 특징은 이렇다.

공부방은 실제 살고 있는 거주지에서만 혼자 교습해야 한다. 다과목 가능하다. 공부방은 1인 경영이 원칙이나 부부는 공동으로 교습 가능하다. 교습소는 강사를 둘 수 없고, 단일 과목만 가르쳐야 한다. 단, 보조 요원은 한 명 채용할 수 있다. 교습을 제외한 사무업무(전화, 청소, 상담 등)만 가능했으나 원장과 같은 교실에서 교습은 가능한 것으로 바뀌었다. 즉 다른 교실에서 단독 교습은 불가하지만 원장과 같은 교실에서 원장의 지시 하에 교습을 보조하는 것은 가능하다. 하지만 지역마다 다를 수 있으니 관할 교육청에 문의하는 것이 좋다.

보습학원은 여러 개의 교과목을 개설할 수 있고 선생님을 채용할 수 있다. 다만 원어민 교사 채용은 안 된다. 어학원은 유치원생부터 성인 대상으로 외국어를 지도할 수 있다. 그 외 교과목을 개설할 때는 보습학원 허가 기준에 맞는 공간이 별도로 있어야 한다.

불법을 당연시해서는 안 된다

보습학원 원장 A는 같은 지역 불법 공부방을 신고했다. 이유는 거주지에서 교습하지 않고 별도의 장소를 얻었기 때문이다. 본인 학원보다 잘되는 게 못마땅했다. 학생이 그곳으로 옮겨가는 건 더욱 못 볼 일이었다. 일 년 후 A 원장은 학원을 폐업했다. 유지비만 많이 들고 강사들은 속 썩이고. 가만 보니 공부방이 실속 있는 듯 보였다. 곧 공부방을 창업했다. 본인 거주지가 아닌 다른 곳을 얻었다. 한술 더 떴다. 공부방 한 곳을 더 운영했다. 공부방 불법 운영한다고 고소한 사람이 누구인가?

B 원장은 학원 폐업 후 교습소를 차렸다. 학생이 늘자 강사를 채용했다. 학원 할 때는 강사 채용해서 운영하는 교습소를 눈엣

가시처럼 여겼으면서. 학원 온라인 커뮤니티에서도 공부방, 교습소 원장이 강사 채용 공고를 버젓이 올린다.

강사 채용이 불법이라는 걸 모를 리가 없을 텐데. 그 광고를 본 보습학원, 어학원 원장의 비난이 쏟아진다. 게시물은 어느 샌가 삭제되고 없다. 불법인 걸 알면서 올리는 심리는 도대체 뭘까. '남들도 다 그렇게 하니까!' 아니면 불법이라는 자각조차 없는 걸까. 모르는 걸까.

민원이 들어와 교육청 감사를 받은 지인 원장님이 전화로 이런 말을 했다. "누가 날 고소했을까요?" "나는 왜 이렇게 운이 없지! 남들은 10년 불법 운영해도 안 걸리던데!"

어쩔 수 없었던 상황이 있었다 해도 최소한 합리화하지는 말았으면 한다. 오늘 동지였던 사람이 내일 적이 되는 순간이 많다. 원장 자신을 위해 떳떳하게 운영하자.

당당히 쉴 권리, 내가 선택한다

'연휴 내내 쉬어도 될까?'

'다 쉬기는 그러니까 하루 정도는 수업해야겠지?'

'다른 학원은 수업한다는데, 우리만 쉰다고 생각하지 않으실까?'

'쉬면 보충해줘야겠지?'

'쉬는 만큼 교육비 빼 달라 하면 어떡하지?'

여름 휴가나 명절을 앞두고 이런 고민을 했었다. 쉬려니까 괜스레 눈치 보였다.

내 권리 내가 찾기

한 달 단위로 교육비를 받았다. 11년 차부터는 횟수제 시스템을 도입했다. 후자가 장점이 많았다. 고객은 열 개 준 건 생각 못 하고 한 개 덜 준 것을 더 크게 받아들인다. 한 달 단위로 수업했을 때 기준 수업일보다 하루 이틀 초과 될 때가 많았다. 5주인 달이 여러 달이기 때문이다. 그러다 여름 휴가, 추석과 설 명절에 며칠 연이어 쉬게 되면 그 달의 수업 일수가 부족할 수 있다. 이럴 경우 대체로 연휴 앞뒤로 보충 해주는 학원이 많다. 그 달만 보면 수업일수가 부족할 수 있지만 일 년으로 보면 오히려 더 많이 해 주는 셈이다. 그런데 학부모는 이걸 생각지 않는다. 오픈하고 첫 여름휴가를 맞은 후배가 속상한 듯 카톡을 보내왔다.

"언니, 어떤 어머니가 학원 휴가인데 교육비 빼줘야 되는 거 아니냐고 연락 오셨어요. 평상시 보충 수업도 많이 해 줬는데, 이런 얘기 들을 줄 몰랐어요."

"첫 상담할 때 여름휴가 관련 안내해 드렸니?"

"아니요. 그런 것도 해야 돼요?"

"안내문에 당장 메모해 둬! 여름휴가로 인한 교육비 날짜 연기나 보충 수업은 없다고! 교육비 받은 것보다 매달 더 수업 해 드렸잖아. 쉴 때 당당히 쉬어. 대신 오해 없으시도록 사전에 안내 해 드렸으면 좋았겠다. 휴가가 있는 7월과 8월은 5주라서 휴가로 일주일이 빠져도 교육비에 해당하는 수업일수는 충분하다고 미리 말씀드려야 해."

대부분의 학원은 받은 교육비보다 수업을 더 해 준다. 시험 기간의 수고스러움까지 생각한다면 못 쉴 이유가 없다. '열심히 일한 당신, 떠나라'라는 유명한 광고 문구처럼 열심히 일한 학원인, 연휴 앞에 당당해 지자!

한 달 12번 수업하고 남는 요일은 무조건 쉰다

한 달 총 12회 수업을 한다. 10회는 교육비에 해당하는 정규 수업이고 2회는 보충 수업(정규수업과 시간 동일)이다. 내신 기간에 주말 보충을 제외하고는 이외의 보충은 일체 없다. 결석하지 않아도 매달 2회는 무조건 제공한다. 1년으로 보면 총 24회 수업을 제공하는 셈이다. 두 달을 통째로 결석해도 교육비 낸 것만큼은 수업을 받은 것이다.

보충이나 교육비 감면을 해 줄 이유가 없다. 1년에 스물네 번이나 결석하는 학생은 없다. 있다면, 그 학생은 학원에 맞지 않다. 너무 바쁘거나 공부에 관심이 없는 학생이니까.

이 시스템을 장착하고부터는 보충해 달라는 이야기, 교육비 연기해 달라는 이야기를 듣지 못했다. 여름 휴가, 명절 연휴를 앞두고 전혀 고민하지 않는다. '어떻게 연휴를 즐길까'를 고민한다.

말없이 더 해 주지 말고 생색내자

선물이든 보충이든 더 해 주는 것이 있으면 학부모에게 알려야 한다. 학생들에게 장학금이나 선물을 챙겨 주어도 학부모는 모를 때가 많았다. 집에 가서 자랑삼아 이야기하는 학생이 있는 반면, 사춘기 아이들은 입을 열지 않는다. 문화상품권을 받은 학생에게 잘 썼냐고 물어보면 어디 있는지 모른다는 답변이 돌아온다.

원장은 생각한다.

'평상시 내가 많이 해 줬으니 휴가에는 편히 쉬어도 되겠지.'

학부모는 생각한다.

'또 쉬어? 돈 아깝네!'

'화성에서 온 원장, 금성에서 온 학부모' 꼴이다. 교육비 낸 것이 아깝지 않다는 생각이 들도록 평소에 자주 생색내자.

버릇없는 학생 어떡할까요

사춘기 학생들은 또래집단의 영향을 받는다. 친구가 주는 영향이 부모나 선생님의 것보다 크다. 한 반에 '물 흐리는 학생'이 있으면 그 반 전체에 좋지 않은 영향을 끼친다. 설마 한 명 때문에 진짜 그럴까? 그렇게 된다. 그 정도로 '또래집단 의식'은 강한 전파력이 있다.

한 학생의 지각을 묵인하며 안 그러던 아이도 따라 할 뿐만 아니라 선생님도 분위기를 통제하기 어렵다. A의 지각은 봐주는데 B는 혼낼 수 있는가? 같이 지각을 했는데 누구는 야단치고 누구는 안 치면 차별한다는 불만이 쏟아진다.

한 아이가 퍼뜨리는 '불성실 바이러스'는 생명력이 강하다. 하지만 문제가 되는 한 학생을 퇴원시키면 언제 그랬냐는 듯 다시 공부 모드로 바뀐다.

남학생 한 명이 습관성 지각이 잦았다. 월·수·금 반이었는데, 항상 월요일과 금요일에 10~20분 지각했다. 일주일의 시작과 끝 수업을 지각하니 담당 선생님은 주말 내내 불편한 마음을 가져야 했다.

"학교에서 늦게 마쳤어요."

"갑자기 배가 아파서 화장실에 갔어요."

"책을 놔두고 와서 집에 다시 갔다 왔어요."

"깜빡 잠들었어요."

"밥 먹느라 늦었어요."

"엄마가 조금 늦어도 된다고 밥 먹고 가라 했어요."

"엘리베이터가 늦게 왔어요."

지각만 빼면 모든 것이 완벽한 '엄친아'였다. 예의 바르고 성적도 상위권이었다. 어머니는 보기 드물게 경우 바른 분이었다. 아들의 지각으로 늘 전전긍긍했으며 사과 문자를 이틀이 멀다하고 보냈다. 그래서 다른 학생보다 퇴원 처리가 늦어졌다. 어머니를 봐서 아이에게 냉정하게 할 수 없었다. 온갖 말로 타이르고 벌을 주어도 딱 그때 한 번 나아졌다.

한 달에 2회 이상 이유 없이 결석·지각하면 학원 다닐 의사가 없다고 판단하고 (재)등록을 받지 않는다. 다음은 실제 문자/공문 내용의 일부이다. 학부모에게 문자 보낼 때는 충분히 학원 입장이 전달될 수 있도록 한다. 공감과 이해를 얻을 수 있게 정중하고 자세하게 보낸다.

　'학부모님들께서도 아시듯, 학원은 사교육 기관입니다. 내 아이가 잘 배워왔으면 하는 마음에서 매달 금액을 지불하십니다. 같은 반에 항상 지각하는 아이가 있어 공부를 방해 받는다면, 기분이 어떠실까요? 여러 명이 공부하는 곳이니 사소한 불편은 발생할 수밖에 없습니다. 하지만, 일시적인 것이 아니라 지속적으로 누군가는 피해를 주고 누군가는 일방적으로 피해를 받는다면 수업을 진행하기 어렵습니다. 또 담당 선생님도 기분 좋게 수업을 이끌어 갈 수 없습니다. 어쩌다 한 번 피치 못할 사정으로 지각을 하는 것이 아니라 습관적으로 지각하여 다른 학생들의 공부를 방해하고 선생님 의욕을 떨어뜨린다면 해당 학생은 저희 학원에서 지도할 수 없습니다. 한 학생의 지각을 묵인하면 전부를 봐줘야 합니다.'

학생이 변하길 바라지 말고 환경을 바꿔라

CCTV의 필요성을 느꼈지만 선생님과 학생을 못 믿어 설치하는 것 같아 내키지 않았다. 소 잃고 외양간 고친다고 크고 작은 사건 사고가 일어난 후에야 달았다. 다음 일들이 대폭 줄었다.

도난 방지

학원에서 도난 사건이 일어나면 원장은 근심에 빠진다. 자식 같고 조카 같은 학생들인데 의심해야 된다는 것 자체가 곤혹스럽다. 부모가 "우리 아이는 그런 행동 안 해요."라고 믿듯이 나도 그랬다. 범인이 놀랍게도 예뻐하던 아이라면 학원업에 대한 회의감까지 든다.

늘 공주 옷을 입고 방글방글 인사하던 초등학교 저학년 아이가 친구 물건을 가져갔다. 모범생 중에 모범생이던 중학교 남학생이 내 가방 속 지갑과 교육비 봉투를 훔쳤다. 학생이 나쁜 유혹에 빠지지 않게 미리 방지하는 것도 선생의 의무다. 보이는 곳에 지갑을 놔뒀던 내 잘못이 더 크다.

낙서/기물 파손 방지

영어 학원이라 학습 도구가 많았다. 씨디기, 태블릿 피씨, 데스크 탑, 천 권에 달하는 원서 등. 새로 산 씨디기만 골라 연이어 고장 났다. 줄을 교묘하게 끊어 놓고 전선을 벗겨 놓고 부품을 부셔 놓았다. 한 달에 고장난 씨디기가 10대가 넘었다. 책상에 입에 담지 못할 욕을 써 놓았다. 학생이 귀가하고 책상을 닦을 때마다 낙서 지우느라 기진맥진했다. 참다못해 고장난 씨디기, 낙서 사진을 찍어 학부모에게 공문과 함께 보냈다.

'지금까지 이런 행동을 해도 '아이니까 그럴 수 있지'하고 넘어갔습니다. CCTV를 통해 누가 그랬는지 확인도 했습니다. 하지만, 일일이 말씀드리지 않고 학원에서 감당해 왔습니다. 그 정도가 점점 지나치고 있습니다. 향후 이런 일이 있을 시 해당 학생 학부모님께 CCTV 보여드리고 상담 신청하겠습니다.'

"우리 애는 아닐 거예요."

"우리 애는 그런 짓 안 해요."

"누군지 혼꾸녕을 내주세요."

우리 아이는 아닐 거라며 어머니들 모두 놀라워 했다. 아이들 손장난이 이 정도일 줄은 몰랐다며 따끔하게 혼내라고 응원을 보내주기도 했다.

'내 아이는 아니겠지.'

모두들 내 아이가 안 했다고 하면 도대체 누가 했을까. 학원에서 발생하는 불미스러운 일을 나 혼자 감당하려 했었다. 학부모에게 걱정 끼치고 싶지 않았다. 관리 부족이라는 말도 듣고 싶지 않았다. 즉시 협조를 구했어야 했다. 학부모들도 알아야 한다. 자녀가 밖에서 어떤 행동을 하는지.

학생 간 싸움/사고 발생 시 증거 자료

다툼은 순식간에 일어난다. 자습실에서 있었던 일이다. 칸막이 책상에 나란히 두 명의 중학교 남학생이 앉아 있었다. 말을 주

거니 받거니 하다가 싸움으로 번졌다. A가 B의 팔을 샤프로 찔렀다. 샤프심과 샤프 뾰족한 곳이 살에 깊게 박혔다.

"장난이었어요."

찔린 아이는 충격으로 말도 제대로 하지 못했는데 장난이라니.

버릇없는 행동 방지

학부모가 우리 학원을 신뢰하는 이유 중 하나는 학생이 나를 무서워해서다. 다른 학원에선 버릇없이 굴고 숙제도 안 하는데 우리 학원에선 얌전하다. 원장 역량이 학원 경영에 절대적인 건 맞지만 여기서 깊은 고민이 생긴다. 내가 모든 것을 도맡아서 할 수는 없다. 더더군다나 수업은 강사에게 맡긴다. 내가 있을 때는 얌전하다가도 자리를 비우면 강사에게 버릇없이 구는 학생이 한 반에 한 명씩은 꼭 있었다. 특히 남학생은 5학년 이상만 되어도 행동이 거칠다. 여선생님을 무서워하지 않는다. CCTV로 녹화되고 있다는 걸 알려줘야 한다. 가짜 CCTV라고 생각하는 학생도 있다.

누울 자리를 보고 다리를 뻗는 건 어른이나 아이나 같았다. 유치원생도 그렇다. 선생님이 먼저 빈틈을 보이지 말자. 버릇없는 행동을 그냥 넘어가지도 말자.

학생이 떠나갈 때

몇 달 혹은 몇 년 정 들었던 아이들이 그만둘 때, 그 아쉬움은 모든 학원 경영자가 비슷할 것이다. 학원을 빛내주고 보람을 느끼게 했던 학생도, 손이 많이 가서 힘들었던 학생도 모두 아쉬움이 남는다. 잠 못 이루는 날이 줄어들고 강도가 약해졌을 뿐, 경력이 쌓여도 없어지지 않는다.

있을 때 잘할 걸

"선생님, 보고 싶어서 전화했어요."

수화기 너머로 울먹울먹한 목소리로 말했다. 중국으로 이사한 중학교 2학년 여학생이었다. 내가 보고 싶어서 전화했다는 그 말에 콧등이 시큰해졌다. 영어 점수 50점이 넘지 않는 녀석, 야단도 많이 쳤다. 아무리 설명해도 이해를 못하니 모진 말도 많이 했다.

이사 소식을 전해 들은 순간부터 이사가고 나서도 한동안 잠을 뒤척였다. 정들었는데 이제 못 보게 되니 아쉬웠고, 고생할 게 보여 걱정되었다. 국제 학교에 다닐 거라 했다. 학원 일과 마치고 따로 불러 한 시간이고 두 시간이고 공부시켰다. 떠나기 전날, 어머니가 학원에 들르셨다.

"수진이 가르치느라 고생 많으셨죠. 그렇게 혼났는데도 원장님이 좋댔어요. 자기 걱정해서 하나라도 더 알려주시는 걸 알더라구요."

떠나는 학생을 보며 가장 먼저 드는 생각, '있을 때 더 잘할 걸.'

내가 뭘 잘못했나?

"잠깐 쉴게요."

잘 다니던 아이가 갑자기 그만두면 '내가 뭘 잘못했나?'라는 생각이 들었다. 같은 사람이 없듯이 퇴원 사유도 가지각색일 텐데 왜 내 탓을 했을까. 막을 수 있었던 퇴원이 있고 불가피한 퇴원도 있다. 자존감을 떨어뜨리는, 꼬리에 꼬리를 무는 부정적인 생각은 차단하는 것이 좋다.

모든 신입생은 예비 퇴원생이다. 학생이 그만두는 것은 자연스러운 일이다. 한 달 단위로 교육비를 받는다. 한 달 후 어떤 선택을 하던 학부모와 학생 자유 의지다. 학원에서 할 수 있는 것은 퇴원 시기를 늦추고 퇴원생보다는 신입생을 늘리는 일이다. 퇴원 사유가 학원의 명백한 관리 실수라면 원인을 알고 대처할 수 있다. 그게 아니라면 24시간이 지나기 전에 우울함은 털어 버리는 것이 좋다. 남은 학생을 위해 수업 준비에 최선을 다하자.

학습 태도도 성적도 좋지 않은 아이가 그만두고 소문을 내봐야 그 학부모나 아이의 말을 귀담아듣는 사람은 없다. 관리 부족으로 인한 퇴원이라면 학부모가 불만을 가질 수밖에 없다. 원장이나 담당 선생님이 직접 연락을 취해서 서운한 마음이 풀릴 수 있도록 노력을 기울여야 한다.

학원은 돈을 벌었지만 학부모는 돈을 썼다. 무엇보다 자녀의 귀한 시간을 투자했다. 원하는 결과를 얻지 못했을 때 어느 쪽이 힘들겠는가?

퇴원 매뉴얼

'가급적 일주일 전에 말씀해 주세요. 더욱 성의를 다하겠습니다.'

'퇴원 연락은 문자로 해 주셔도 좋습니다.'

퇴원에 관한 매뉴얼을 학원에서 정하기는 어렵다. 어디까지나 100퍼센트 고객의 결정이다. 위의 두 가지는 신입생 안내문에 적혀 있는 문구이다. 이사로 인한 퇴원은 한 달 전에도 말해 주지만, 그 외에는 결제 마지막 날 또는 당일에 갑자기 연락하는 경우가 대부분이다.

'오늘부터 못 나가요.'

입이 안 떨어져서 미루고 미루다 더 이상 미룰 수 없을 때 연락을 한다. 그마저도 하지 않는 분도 있다. 몇 년간 정들었던 학생과 마지막 인사도 못하고 이별하는 일은 흔하다. 지인이 이런 말을 했다.

"그만둔다고 일주일 전에 말했는데 엄청 소홀하게 대했어. 우리 애는 없는 학생 취급했어."

나는 일찍 말해 주면 더욱 신경 쓴다. 남은 기간 진심으로 최선을 다하기 위해 일주일 전엔 말씀해 달라 안내한다. 퇴원 선물도 준비한다. 같은 동네다. 언제든 길거리에서 마트에서 만날 수 있다. 훈훈하게 마무리하면 길에서 만나더라도 밝게 안부를 물을 수 있다. 이런 절차 없이 그만둔 학생을 만나면 서먹서먹하다. 학생도 학부모도 모르는 척 지나간다.

진도가 뭐길래

진도! 진도! 진도!

진도 때문에 학생 실력에 거품이 낀다. 흰 도화지에 한 번 잘못 그려진 연필 자국은 지워도 흔적이 남는다. 학생은 흰 도화지와 같다. 외부에서 어떤 자극을 받느냐에 따라 색이 결정된다. 얼룩진 종이는 바꾸면 그만이다. 하지만 학생은 그럴 수 없다. 학습을 시작할 때 신중해야 한다. 학생의 역량과 레벨을 철저히 고려해서 진도를 정해야 한다.

특히 '처음 배우는 영어'는 그 학생의 평생 영어 색을 결정짓는다 해도 지나치지 않다. 선생님과 학부모의 그릇된 욕심에서 비롯된 학습부작용을 많이 보았는데, 그 원인 중 하나가 선행학습이다.

학부모에게 보여주기 위한 진도는 그만

"K가 전 학원에서 어떤 과정 배우고 있었나요?"

"특목고 예비 반에 있었어요."

"중학교 1학년인데 실력이 좋은가 봅니다."

"학원 선생님들은 잘하고 있다고 하세요. 테스트 결과도 괜찮았어요."

"특목고 과정 공부했지만 중학교 1학년이니 일단 중학교 1학년 과정 테스트부터 시작하겠습니다."

특목고/외고 대비반에서 수업을 들었던 중학교 1학년 아이가 있었다. 테스트 결과를 보니 초등학교 5학년 수준이다. 책을 보니 두툼한 입시용 문법과 독해 문제집이다. 초등 수준의 간단한 영작을 시켜보아도 제대로 답을 못한다. 영작은 못할 수 있다. 놀라운 것은 단어조차 모른다는 것이다. 입에서 'to 부정사, 전치사, 분사'가 나왔다. 과연 개념은 제대로 알고 말하는 건가!

실력이 좋아 고등 단어를 공부한다는 아이가 정작 중학교 1학년 단어와 기초 문법을 모른다. 어쩌다 모르는 단어를 만난 것이 아니라 어떤 것을 물어 보아도 정말 모른다. 보긴 보았는데 기억나지 않는다고 한다. 기초는 반복 학습하지 않고 진도만 나간 결과이다. 어머니는 어려운 책을 공부하고 있으니 내 아이 수준도 이 정도는 되는 줄 안다. 아이가 성실하다면 더욱 그렇다. 중학교에 들어가면 학습 과정을 일일이 챙겨 보질 못한다. 학원에서 해준 이야기를 신뢰할 수밖에 없다. 그나마 관심이 있는 어머니는 의심을 한다.

"학원 선생님은 늘 잘한다고 하는데, 물어 보면 아는 게 없어요."

수년간 학원에 맡기고 잘한다는 말만 믿었는데 막상 학년보다 뒤처진다는 걸 알았을 때 학부모 심정이 어떨까. 수년간 쓴 교육비는 그렇다 치고 내 아이가 보낸 되돌릴 수 없는 시간은.

학원에 등록했는데 레벨이 올라가지 않고 진도가 나가지 않으면 학원 입장에선 초조해진다. 내가 무능력해서 그런 건 아닐까? 이런 생각도 든다. 시험을 쳐도 잘 본 시험지만 보낸다. 우리 학원에 등록했으니 전 학원에 있을 때보다 뭐라도 잘하는 모습을 보여야 한다는 무언(無言)의 압박도 있다. 학생이 학습 역량이 부족해서 다른 학생보다 진도가 느리고 복습을 많이 해야 하면 솔직히 전해야 한다. 빠를수록 좋다. 늦으면 늦을수록 호미로 막을 것 가래로도 못 막게 된다. 그걸 감당해야 하는 것은 학생이다.

학생의 눈높이와 성향을 고려하지 않는 진도는 지양해야 한다.

그룹 수업 진도 맞추기의 위험성

"학원을 옮기시려는 이유를 여쭤봐도 될까요?"

"처음 등록했을 때는 레벨에 맞는 반에 들어갔는데, 반이 없어지고 다른 반에 갔어요. 그때부터 아이가 힘들어하고 흥미를 잃었어요."

그룹 수업 위주의 학원에서 이런 문제가 종종 생긴다. 정원수가 미달인 상태가 지속되면 남아 있는 학생을 개인 지도할 수 없으니 다른 반으로 배정한다. 레벨보다 높거나 낮은 반에 속할 가능성이 크다. 낮은 반은 학부모가 꺼려하기에 높은 반으로 대부분 배정한다. 그룹 수업이라도 개별 지도를 병행하는 곳은 진도로 인한 문제가 비교적 적다. 100퍼센트 그룹 수업만 했던 학생들은 반 진도를 따라가느라 내실을 튼튼히 다지지 못한 경우를 보았다. 성실하고 순간 암기력이 좋은 학생은 범위가 정해진 단어 시험이나 레벨 테스트는 만점을 받는다. 그 결과만 보고 진도만 계속 나간다.

혼자만 진도가 다르면 가르치기 힘드니 억지로 다른 아이들과 교재를 맞추는 것도 해서는 안 될 일이다. 그룹이라 교재를 맞출 수밖에 없다면 과제는 아이 수준에 맞게 내주어야 한다. 학원 사정으로 반이 통폐합된다면 사전에 학부모와 상담해서 학습 결손이 생기지 않도록 관심을 기울이는 것이 바람직하다.

내 아이 망치는 옆집 아이 진도

학부모라도 자녀의 학습 상태를 속속들이 알지 못한다. 초등학교 저학년 시절을 지나 고학년부터 사춘기가 시작되면 부모 자녀 사이에 마찰이 일어난다. 평온한 관계를 유지하기 위해 일부러 거리를 둔다. 그러다 보니 겉으로 보이는 학습 교재를 보고 '내 아이가 이 정도 수준이구나.'라고 짐작한다. 아니면 어렸을 때 잘했던 것만 생각하고 그래도 평균 이상은 될 거라 예상한다. 학습 결손이 생긴지는 오래되었는데, 잘하는 옆집 아이를 보면 조바심이 난다. 진도가 왜 이렇게 늦느냐며 학원에 요청한다.

'진도 빨리 빼주세요.'
코로나가 한창일 때 우리 아이만 진도 못 나갈까 봐 학원이 알아서 휴원해 주기를 바란다. 같이 진도 못 나가야 안심이 되는 것이다. 학부모의 조급한 심리를 알기에 내실을 쌓는데 시간을 투자하기보다 보여 주는데 급급해서 레벨 업시켜준다. 반대로 학원이 학부모의 불안 심리를 부추기기도 한다.

　'같은 학년 누구는 벌써 어디 진도 선행하고 있어요.'

　어른들의 욕심에 고통받는 것은 학생이다. 한 번 잘못 배운 건 다시 되돌리기 어렵다. 중학교 3학년 과정을 배우던 중학교 1학년 아이가 진짜 실력은 초등학교 5학년 수준이라는 걸 알게 되었다 치자. 5학년 것을 공부하고 싶을까? 단기간 집중해서 복습할 수 있지만, 당장 자기 학년 공부하기도 벅차다.

　학부모도 학원도 목표는 하나다. 학생의 실력을 올려 원하는 목표를 이룰 수 있게 도와주는 것. 목표의 시작은 아이 눈높이에 맞는 진도를 설정해 주는 것부터다. '학부모 눈치 보느라', '옆집 아이보다 잘 해야 해서', '다른 학생과 진도 맞추려고', 이것들은 모두 학생을 위하는 길이 아니다. 내 학생에게, 내 자녀에게 터트리면 금방 꺼져버릴 물거품 낀 실력을 주지는 말아야 한다.

강사로 남을 것인가, 학원을 차릴 것인가

원장은 실력 있고 성실한 강사와 오래 일하기를 원한다. 강사는 자기만의 사업을 꿈꾼다. 내가 만든 교재와 프로그램으로 내 학생들 알뜰살뜰 챙기며 꾸려가고 싶어 한다. 지인 중에 제법 잘나가는 유명 학원 고등부 강사가 있었다. 학원 창업을 하고 싶다며 상담을 요청했다. 불안하다고 했다. 지금은 잘 나가지만 언제 그만두게 될지 모르니, 수입이 줄어들더라도 '내 것'을 하고 싶다고 했다.

'가르치는 일이 제일 쉬웠어요!'

강사에서 원장이 되거나, 1인 경영을 하다 강사를 채용하게 되면 이 말이 절로 나온다. 창업하고 싶은데 주저하는 사람은 모험보다는 안정을 선호한다. 가르치는 것은 자신 있지만 그 외의 일은 주저한다. 여름에 태풍 오면 창문이 깨질까, 간판이 날아갈까 잠 못 자는 사람은 원장이다. 겨울날, 수도 동파될까 뉴스를 주시하며 전전긍긍하는 것도 원장이다. 이런 것까지 책임져야 하는 것이 창업이다. 교육청 감사에, 세금 신고에, 밤 새서 서류 준비하는 것도 원장 기본 업무다.

천재지변이나 학원 내부에 문제가 생겼을 때 한 달에 몇 백만 원씩 지출이 늘어날 수 있다. 갑작스러운 사고를 감내할 수 있는 사람이 사업해야 한다. 살다 보면 예상치 못한 돈을 지출하게 되는데, 사업은 그럴 빈도가 직장인에 비해 월등히 높다. '이제 돈 나갈 때 없겠지.' 한시름 놓으면, 전기가 나가고 에어콘과 히터가 말썽 부리고 5월 종소세와 세무사 사무실 수수료가 떡 하니 기다리고 있다. 더 반갑지 않은 건 상가 월세 인상이다.

다음과 같은 성향의 강사라면 창업해도 성공 가능성이 높다.

1. 변화무쌍함과 불안정함을 즐길 줄 안다.
2. 남녀노소 누구와도 자유로운 소통이 가능하다.
3. 교재 만들기, 학습법 연구, 프로그램 개발하는 데 기꺼이 시간 투자한다.
4. 자존감, 회복 탄력성이 높거나 높이려 노력한다.

5. 못하는 학생도 인내심을 가지고 지도할 수 있다.

6. 투자해야 할 때는 과감히 할 줄 안다.

7. 예상치 못한 지출이 생겼을 때 그 돈에 집착하지 않는다.

8. 주관이 뚜렷하다.

9. 멀티플레이어로 살아 갈 준비가 되어 있다.

우리 학원에서 경력을 쌓은 후 창업을 원하는 강사들이 있었다. 적극 도와주었다. 2년 이상 성실히 근무했고 지역이 겹치지 않는 경우, 자료와 창업에 필요한 모든 것을 아낌없이 제공해주었다. 함께했던 사람이 꿈꾸던 일을 이룰 수 있게 도와주는 것도 행복이다.

우리 원장님 아무것도 안 해요

"언니처럼 학원 경영하고 싶어요."

"언니가 부러워요."

"스트레스 받느니 그냥 제가 차리는 게 낫겠어요."

"우리 원장님, 일도 안 하고 내가 수업한 걸로 돈 벌고 있어요."

강사로 일하는 후배들이 이런 말을 한다. 경력 5년 이상 쌓이니 자기 사업을 하고 싶은 마음이 한가득이다. 내 어떤 모습이 그렇게 부러운 걸까. 학원 네 개를 운영하는 거? 묻는 말에 무엇이든 척척 대답을 해 주는 거? 아님 책도 출간한 거? 교습소 오픈 준비 중인 후배에게서 카톡이 왔다.

"언니, 네이버 지식인 같아요."

"학원 경영의 달인이에요."

"경험이 그렇게 만들었어."

세월의 힘이 필요했다. 심장이 다 녹아내릴 듯한 시간, 손에 피가 맺히도록 벼랑 끝에 매달려 있던 시기도 있었다. 학원 경영 노하우는 책상에 가만히 앉아 CCTV를 쳐다보고, 계산기만 두드린다고 얻어지는 게 아니다. 무턱대고 울타리를 벗어나 '창업하면 어떻게든 되겠지.' 위험한 생각이다.

'아무것도 안 하고 쉽게 돈 버는 듯한' 원장이 부럽다면, 그가, 그녀가 지나온 인내의 시간도 즐길 준비를 하자. 그런 각오라면 창업해도 성공할 수 있다.

마치는글

모두가 행복한 학원 공동체를 꿈꾸며

학원을 사랑하는 분들께

학원 경영은 인간관계로 얽히고설켜 있습니다. '교육'이라는 상품도 사람과 사람이 만나야 제 역할을 할 수 있습니다. 학부모, 학생, 강사, 건물주, 경쟁 학원, 관공서, 프랜차이즈 본사와 갈등의 소용돌이 속에 있었습니다. 갈등 하나를 해결하면 다른 더 큰 것이 찾아왔습니다.

그래서일까요. '모두가 행복한 학원'을 만들기로 했습니다. 저부터 바뀌기로 했습니다. 문제가 생겼을 때 '나에겐 잘못이 없었을까'를 먼저 생각했습니다. 같은 일이 반복되지 않도록 시스템을 갖춰 대비책을 세웠습니다. 남 탓할 때는 답이 나오지 않더니 화살을 제게 돌리자 원하는 학원 모습에 바짝 다가섰습니다. 이런 변화 과정을 책에 담았습니다.

2020년 7월, 《학원 경영, 당신을 사게 하라》를 출간했습니다. 창업을 준비하시는 분들께는 조언을, 같은 길을 가는 분들과는 공감과 위로를 나누고 싶었습니다. 전국 각지에 계신 학원 관계 자분들과 소통했습니다. 정작 위로와 응원을 받은 것은 저였습니다. "꿈 많은 흙수저는 남들보다 모험을 즐길 줄 알아야 하더라. 많은 역경을 겪을 테니까. 어떻게든 스스로 헤쳐 나가야 하니까." 글에도 감정이 있는 걸까요? 제 마음을 고스란히 숨겨 두었는데, 가장 큰 사랑을 받은 문장이 되었습니다.

잘되는 학원을 만들기 위해, 실패도 시행착오도 피할 수 없었습니다. 무엇이든 직접 경험해 봐야 뼈저리게 느끼고 개선해 나가니까요. 불면증을 불러오는 일들을 피하셨으면 해서 그런 이야기를 주로 썼습니다. 그렇지만, 저는 학원보다 보람 있고 매력적인 일을 알지 못합니다. 올해로 22년 차입니다. 아직 배울 것도 가르쳐주고 싶은 것도 많습니다. 초보 경영인 시절에는 앞만 보고 전력 질주했습니다. 의지대로 안 되는 상황을 겪은 순간부터 고개가 숙여졌어요. 좌우와 뒤를 살피고, 멈출 줄 아는 지혜가 생겼습니다. 학원 경영, 이제 훨씬 더 즐길 수 있습니다.

불확실한 시대를 살지만, 작년부터 확실히 알게 된 것이 있습니다. 전국 곳곳에 학원을 사랑하는 분들이 많이 계시다는 것을요. 비슷한 시기에 학원 경영을 시작했던 원장님들은 학원을 떠나셨습니다. 그 빈자리를 책으로 연결된 분들이 채워주셨습니다. 진심으로 감사드립니다.

학원을 믿어주는 학부모님들께

작년 봄, 줌 수업을 처음 시작했습니다. 코로나19 확진자 수에 따라 학원 운영 방식이 바뀌었습니다. 전쟁터가 따로 없었습니다. 발등에 떨어진 불 끄는데 온신경을 쏟았습니다. 수업 안정화가 급선무였습니다. 한두 달이 지나자 선생님과 학생은 원래부터 줌 수업을 했던 것처럼 적응해 나갔습니다. 평화가 찾아왔습니다. 그러자, 보이지 않았던 것이 보였습니다.

"어머니, 이 시간에 어딜 가세요?"

"애들이 방 하나씩 차지하고 온라인 수업이랑 과제하고 있어요. 제가 있을 곳이 없네요. 거실에는 아버님, 어머님 TV 보시구요. 동네 몇 바퀴 돌다 마칠 때 들어가려구요."

퇴근길에 학생 어머니를 만났습니다. 웃으며 말씀하셨지만, 저는 뒤통수 한 대 세게 맞은 느낌이었습니다.

'학원이 힘들었던 것만큼…, 어쩌면 그 이상 힘드셨겠구나.'

'편히 쉴 곳을 잃어버리셨어. 한순간에.'

2020년 봄, 줌 수업을 시작했을 때 저는 학부모님의 상황을 구체적으로 생각하지 못했습니다. 모두가 행복한 학원을 만들겠다고, 어느 정도 이루었다고 장담했으면서 정작 가장 관심을 기울여야 할 고객에게 그렇게 하지 못했습니다.

선생님들과 줌 수업 회의를 일주일에 두 차례 했습니다. 녹화본을 보며 피드백을 하고 직접 지도도 해봤습니다. PC와 핸드폰 너머로 갖가지 생활 소음이 들렸습니다.

TV, 말소리, 개 짖는 소리, 방귀, 청소기, 변기 물 내리는 소리, 설거지, 식사 준비, 현관 여닫는 소리 등등….

'아이가 온라인 수업할 때마다 말과 행동이 얼마나 조심스러우실까. 집이 편하질 않겠구나. 청소기 한 번 시원하게 돌리질 못하시겠어.'

모든 가정이 방음이 완벽한 것도, 각자가 방을 가지고 있는 것도 아닙니다. 이런 불편함에도 우리 학원 학부모님들은 내색하지 않으시고 학원 결정을 믿고 등록해 주셨습니다. 오히려 학원 걱정을 해주시면서요.

"원장님, 힘드시죠? 코로나 빨리 끝나야 하는데."

최신 온라인 장비를 갖추고, 커리큘럼을 강화하고, 수업에 더 신경 쓰면 된다고 생각했습니다. 학원에서 할 일은 했다고 만족해했습니다. 이런 노력과 상관없이 자녀가 집에 있는 것 자체로 힘든 학부모님이 많으신데 그 마음을 충분히 알아드리지 못했습니다. '마음'이 먼저여야 했습니다.

22년째 좋아하는 일을 하고 있습니다. 지속적으로 믿음을 주셨던 학부모님들 덕분입니다.

어떤 상황에서도 그 감사함, 잊지 않겠습니다.